管理的5项修炼

生存、效率、创新、分权与迈向卓越的行动

刘 祯 著

THE 5 DISCIPLINES OF MANAGEMENT

SURVIVAL, EFFICIENCY, INNOVATION, DECENTRALIZATION AND ACTION OF EXCELLENCE

经济管理出版社
ECONOMY & MANAGEMENT PUBLISHING HOUSE

图书在版编目（CIP）数据

管理的 5 项修炼：生存、效率、创新、分权与迈向卓越的行动/刘祯著 . —北京：经济管理出版社，2021.5
ISBN 978 - 7 - 5096 - 7627 - 1

Ⅰ.①管… Ⅱ.①刘… Ⅲ.①企业管理 Ⅳ.①F272

中国版本图书馆 CIP 数据核字（2021）第 012913 号

组稿编辑：梁植睿
责任编辑：梁植睿
责任印制：黄章平
责任校对：王淑卿

出版发行：经济管理出版社
　　　　　（北京市海淀区北蜂窝 8 号中雅大厦 A 座 11 层　100038）
网　　　址：www. E - mp. com. cn
电　　　话：（010）51915602
印　　　刷：唐山玺诚印务有限公司
经　　　销：新华书店
开　　　本：880mm × 1230mm/32
印　　　张：5. 75
字　　　数：110 千字
版　　　次：2021 年 5 月第 1 版　　2021 年 5 月第 1 次印刷
书　　　号：ISBN 978 - 7 - 5096 - 7627 - 1
定　　　价：48. 00 元

序 在不确定中确定

人工智能已经成为当今时代的重要标志，谷歌的"阿尔法狗"战胜世界围棋冠军，让人们真正感受到了机器人有多厉害。那么，冠军是这台机器人吗？

是，也不是。机器人战胜了世界冠军，这是事实。但是，机器人只是一个载体，并不是本质。事实上，机器人的冠军之战并不止一次，早在20年前，IBM的"深蓝"就战胜了国际象棋冠军。这也意味着，未来可能还会有机器人继续登上冠军宝座。很多人也许会因此而紧张，事实上，恰恰相反，如果看透本质，更多人看到的应该是机会。

过去，王者是一个人；今天和未来，王者不再是一个人，而是一台集合更多人智慧的机器人。所以，真正的胜利者是谷歌和IBM的研发团队。这样的研发团队之所以可以取胜，在于他们开发出了一套模式，这套模式承接着一系列的套路，即每一步该如何走，用什么样的动作来"见招拆招"。

所以，最后坐在冠军宝座上的不是一个人，也不是一台机器人，甚至都不是一群拥有高智商的人，而是一套模式。无论是人还是机器，谁拥有这套模式，谁就是胜利者。因此，最优秀的组织和队伍从来不依赖于某一个人，甚至也不依赖于某一台机器，可靠的只有模式，这是最为宝贵的资产，是让组织可以基业长青的法宝。

模式到底是什么？对于管理而言，模式就是一套动作。这不是随口一说，而是遵循着管理学的本质逻辑。一百年前，管理学自诞生之日开始做的第一项研究就是"动作研究"。泰勒研究每一位劳动者的动作，每个动作应该如何来做，才能最省力且效果最好，进而有了一个人的劳动效率，再把这些动作教给更多人，从而让更多劳动者受益，让自己的劳动更有产出，企业也因此获得绩效。

在这一过程中，去发掘并教授这些优秀动作的人就叫管理者，泰勒也因此定义了"管理"这项劳动的四项基本动作：找到科学的工作方法、选择合适的工人、把工作方法传授给工人、管理者和工人共同分享成果。这就是科学管理的"模式"。我们今天有多少管理者会做这些基本动作？如果不会，没有效率也就不足为奇了。

当然，从操作层面来看，管理是有其灵活性的，要适应不同的情形；但是从方法论层面来看，有效的管理活动总是遵循一定的规律，尤其是在管理的基础动作层面。杰克·韦尔奇在

20 世纪最后 20 年里用他的管理方法带领通用电气在生死边缘重新活了下来，也许并没有很花哨的管理概念和动作，但是这些看似朴实的动作却是企业在"丛林"中生存的基本法。从分权的基本管理规律开始，彼得·德鲁克开启了他长达半个多世纪的管理研究，效率和创新成为管理活动推动企业和社会发展的核心能力，要构建起这样的管理核心能力，就需要遵循当中的基本规律。为了更好地服务于人和贡献社会，企业不仅要能够存活，还需要有决心迈向卓越，但是迈向卓越又不仅是一种热情，决心当中蕴含的是对卓越企业需要付出和承受的行为模式的认知、接纳和行动，因此，企业终究是对顾客和社会的一种责任，是行动而不仅是一个名词，更不是一个名分，不论企业前面被冠以多少头衔。

不确定性已经是当今社会环境的特征，但是如果能在不确定性的环境中找到一些确定的模式，或许可以让我们的心安定下来，从而使我们更坚定地成长。

刘　祯
2019 年 5 月于上海

目　录

第1部分
"丛林"生存基本法

　　企业能否活下来，首先考验的是企业家，更确切地说，是企业家的认知和行为。这是管理学基础理论"高阶理论"的基本观点，也是企业家的认知和行为值得研究的原因。

　　但是，对于很多企业家的行为，我们至今没有办法去做明确总结，甚至是没有信心去做明确总结，很大一部分原因还是出于对绩效的考虑。企业家的管理模式真的产出绩效了吗？如果没有，我们很难说背后是有效的管理模式。当然，有些企业家和企业已经富有成效，但是，更多的又是阶段性的。

　　让人比较担心的是，有些本来做得不错的企业家和企业反而因为某些动作的"变形"而出现问题，比如领导者个人无法自律，无法守住底线，底线被诱惑冲破，或是内心的膨胀扰乱了自己的节奏，步伐一大栽了跟头。总之，一套相对标准的动作模式是要靠时间来检验的。当然，我们也无法对暂时出现问题的企业下定论：一是不到最后一刻，没有人可以下定论；二是当企业的行为可以重新步入正轨时，一切皆有可能。

杰克·韦尔奇是比较特殊的一位企业家，作为首席执行官用 20 年的时间带领一家巨型企业重塑生存活力，这样的成绩从某种程度上让我们可以对他的职业生涯"盖棺定论"。所以，他被公认为是一位伟大的首席执行官。韦尔奇身上有一套有效的管理打法，这套动作让他带领企业重新振作起来。他的整套动作，就像是我们今天回看李小龙的动作电影一样，一点都不过时，因为"招招致命"，切中要害。

01 生存是一种责任

做企业或者在企业当中工作，人们会遇到各种各样的问题。比如，为什么要做企业？为什么要工作？企业做得好不好？工作做得好不好？企业用人用得怎么样？企业文化做得好不好？企业的变革做得怎么样？战略布局如何？战略是否得到执行？总之，会遇到无数的问题。当我们试图用很多答案甚至理由去回答和解释时，韦尔奇只用一个字就解答了所有的问题，这个字就是"赢"。面对任何问题，只有这一个答案。反过来说，没能赢，一切问题都仍然悬在空中，都是悬而未决。

相对任何华丽和严谨的解释，这个答案再朴实不过，也再准确不过。企业唯有赢得胜利，当中的人才能真正成长，人们才能买得起房子，才能更好地供孩子读书，才能看更好的医生。唯有如此，企业才能给国家贡献更多纳税，才能解决更多社会问题，才能捐款做慈善。反过来，企业不能盈利或走向失败，当中的人就无法生活好，甚至因为没有得到成长而被淘汰，最终，企业非但无法贡献社会，反倒成为社会的负担，拖累社会进步。

这是最为朴实的观点。唯有赢，社会才会美好。作为实践者，韦尔奇的这种认知和管理学宗师彼得·德鲁克一脉相承，企业是个社会机构，承担社会责任不是口号，必须依靠现实。很多企业脱离现实去谈社会责任，其实是对社会不负责任。

所以，在这一点上，经营企业其实不需要想太多，可以再简单一些，就是要赢，"赢"就是企业的社会责任，如果一个企业家把企业经营失败，或者一群人在一起工作让这个企业和团队失败，就是不负责任的行为。

当然，"赢"不是乱打，所以韦尔奇才说要赢得"干净"。一方面，这个"干净"是我们去"打仗"的前提，要守规则，讲合法性。另一方面，则是赢的整个动作本身，如果我们对韦尔奇的管理模式进行动作研究，就会发现韦尔奇的整套动作的确是非常干净。这种干净的意思是，干净利落，不拖泥带水，而这意味着，他的管理有效性更高，把当中的损耗和无用功降到更低，或者说，他剔除了很多无效的动作。所以，如果我们把韦尔奇的这套动作看完，再对照另外一个一般的管理者，或是我们自身的管理实践，就会知道我们很多企业的无效性在哪里了。行为动作复杂，这正是为什么很多企业无法赢的原因。

尽管这样的打法有效，但是，当我们自己亲身去做时，也许又会觉得能够赢的打法特别别扭，甚至会非常不舒服，带给人不适的感觉。

这正是那些停留在舒适区的人和企业最终落败的原因。韦尔奇只说了是赢，但没有说赢得轻松，甚至韦尔奇本人也会感慨，很多人只是看到了他赢得非常干净漂亮，可是很多人并不知道做成这个动作需要多长时间的历练。就像是一个漂亮的"下腰"，一个踏实的"扎马步"，背后不知道是多少辛酸才能完成这样的标准动作。这就是韦尔奇用 20 年的时间做首席执行官的原因，没有这 20 年的苦功夫，是得不到真功夫的，是没有办法带领企业技惊四座的。

所以，一个企业优秀绩效的产出并不会太快，甚至需要漫长的过程，原因就在这里。即便我们看到一时的业绩爆发，如果这个业绩是真实和稳定的，通常也是来源于更多前期付出的积累。

02　树立正向的行动价值观

韦尔奇退休后偶尔会应邀参加商学院的活动，但是他依然觉得自己和商学院的概念有些格格不入，他不认为一些常被提及的概念能给企业带来真实的竞争力。事实上，如果从结果的角度来看，也许商学院对于一些核心概念的界定的确是需要完善的，甚至，也许商学院和企业实践界的鸿沟就是因为缺少了某些关键根本元素的牵线搭桥。使命感和价值观是工作行为的起点，管理者如何界定这个工作起点，将决定管理最终的成效。

◆ 行动是苏醒的标志

理论上对"使命感"这个词有明确的定义，就是知道企业存在的理由。价值观的属性也很清晰，就是价值观念，这种观念从理论上又可以对其进行拆解：一部分用以表达前进的方向，称为目的性价值观；另一部分用以表达如何实现这个方向，称为工具性价值观。这些理论听起来逻辑都很严谨，看似也没有什么问题，但如果把这些理论想象到一个画面中就会看到，理论有点"飘"，并没有落地。动作施展得很漂亮，但就是碰不到对方，碰不到顾客或者对手，最终也就离竞争力很远。

所以，韦尔奇并不提倡"价值观"这个概念，但是因为使用习惯的原因，如果要继续用这个词，就要重新来定义它。根本点在于，使命感和价值观这两个概念：一个是感觉，另一个是观念，都是模糊的，不可执行的，也是难以考察的，而经营企业要的就是行动和结果。

因此，在韦尔奇看来，价值观应该是行动，这种行动是实现使命感所需要的行动。沿着这种"实战"的逻辑，使命感则不再是一种感觉和理由，而是目标。这种目标介于无法实现和可以实现之间，也就是理想和现实的桥梁。

当然，有人也许会觉得，韦尔奇替换概念了，明明是在说使命感和价值观，可是韦尔奇说的却是目标和行动。这正是关键差别，如今很多企业热衷于谈使命感和价值观，反而忽略了目标和行动，所以没有办法赢。不高谈阔论，要拳拳到肉，这正是韦尔奇的独到之处。事实上，这第一个动作就直指人心，击中了要害。所以，韦尔奇用"唤醒"这个词，提醒人们要从梦中醒来。因此，韦尔奇对于通用电气的改造，是从唤醒开始的。

◆ 价值观是一个人做出的动作，不是观念

在视韦尔奇为榜样的张瑞敏身上也有这样的影子。海尔是中国企业品牌的先驱，但是，海尔并没有从一开始就妄想品牌，而是先做好产品，"拿起锤子砸冰箱"，这就是张瑞敏的动作，这才是价值观。

马云明确说阿里巴巴是一家价值观驱动的企业，但是如果我们只看到价值观这三个字，也许就误读了这句话，重点是后面的驱动。真正支撑阿里巴巴取得成就的却不是价值观这三个字，而是价值观的落地。事实上，到 2000 年，阿里巴巴在经过一年的创业初级阶段之后，马云的难题就已经来了，说得直白一些，人越来越多，仅靠他一个人喊已经不够了。在价值观上，重要的是行动，而不仅是口号。所以，他才邀请在通用电气工作多年的关明生来阿里巴巴，一起把阿里巴巴的价值观用行动的方式明确下来，也就是从"独孤九剑"到"六脉神剑"，并

且有每一个行动细则。也因此，才有了阿里巴巴的价值观考核。

在阿里巴巴成立 20 年之际，"六脉神剑"又从概念式的表达进一步演化为行动式的表达，即"新六脉神剑"。"六脉神剑"是由诸如敬业之类的概念构成，后面再展开概念的阐述，"新六脉神剑"已经不再是六个词语的概念，而是浓缩了阿里巴巴 20 年实践的行动表达，诸如"今天最好的表现是明天最低的要求"。

◆ **快乐地工作**

相比传统意义上的使命，目标更需要承担责任，相比传统意义上的价值观，行动更加需要吃苦，不仅要求动脑筋，更要求身体力行，因此，很多人都习惯停留在传统的使命感和价值观上。对于多数人来说，传统的使命感和价值观其实是一个舒适区，因为不需要责任和行动。但赢却不会发生在那个舒适区，所以，最终只有少数人赢了。

但是不管怎么说，再不舒服，要想赢，这个落地动作都必须完成。就像是下腰和扎马步，即便再痛苦，都要坚持完成，否则就没有柔韧性和力道，就没有办法真正做出更多漂亮又有力的动作。对于企业和人来说，如果不能用目标和行动来定义使命感和价值观，后续的很多动作都无法有效开展。

当然，逃离舒适区，也许这样太苦了，而如果太苦，人们也许会问或者会想，如果过程一直那么苦，那干脆不要去做了。所以，关键是，我们能不能享受这个过程，跳出舒适区之后，可不可以"以苦为乐"。

要做到这一点，关键的动作要领在于，使命感不仅是使命感，还是目标，但是目标得让人觉得有使命感。虽然有点拗口，但是关键要领就在里面。所以，不是不谈使命感，而是不直接去谈使命感，因为使命感不落地。要把使命感融入目标里面，让人们更愿意去行动目标，而不是把目标当成一种负担。

于是，才有了"数一数二"这个振奋人心的目标，我们可以把它当作使命，因为足够崇高，催人上进，但它就是目标，不是传统意义上的使命，就是非常明确，每个业务必须冲到行业的"数一数二"，否则就要整改、售出或者关闭。

"数一数二"给了每一个业务员施展自己才华和成就的机会，这是个大舞台，每一个人都是伟大事业的一分子。当然，如果这个目标依然不能让某个人兴奋，或者说某个人依然满足于原来那个表现平平的公司时，这个人就会提前被请走，因为双方不合适。企业不可能因为满足这样的人而停留在过去，这样的人也不可能把企业带向"数一数二"的未来。这是一起工作的大前提。

韦尔奇用这个方法组建了一支在成就导向上都非常强的队伍，在一起的人有更高的事业要求，也因此会更自发地向着高目标努力，并且可以更快乐地享受这个"痛苦"的过程。

在这个基础之上，韦尔奇才去做他的下一个动作——"二七一"区隔考核，即末位淘汰制。今天很多企业做这个动作的时候都没有做好，所以会觉得区隔考核不管用，原因在于，前面的基础动作都没有做。很多企业一开始就直接进行末位淘汰，前面该交代的都没有交代清楚。没有让大家从梦想走进现实，没有强化目标和行动，没有给人振奋人心的内在成就疏导，而当大家还沉浸在梦想以及被动干活的时候，突然间末位淘汰的业绩考核就开始了。

事实上，同样的目标，认同目标的人如果做不好，往往会自责，进而有提升，不认同目标的人做不好往往会推卸责任，会寻找各种理由，甚至反过来去责备给自己安排的目标不合理。这样的人最终无法前进，陷入总是在末位的恶性循环，自己的能动性无法发挥，进而被踢出局。如果没有做好基础工作，每个人都是很被动地工作，即便跑在前面的人也许都没有做出应有的成就，距离真正依靠自我驱动获得的巨大成就还相去甚远。

韦尔奇夯实了管理的基础工作，所以才推动了有效的绩效考核。我们很多时候从表面看也没问题，但其实功夫并不到位。就像是同样两个人在打太极拳，同一个动作，高手和普通人做起来貌似差别不大，其实相去甚远，也因此，功效大不相同。普通人和行家同样是一掌拍在石板上，看似两块石板纹丝不动，但是其中一块石板已经断了。作为对绩效负责的管理者，必须要看出其中的门道。

因此，企业还有很多内功需要修炼，关键在于，在使命感和价值观的部分就要有标准的动作，就像是扎马步和投篮，要在意目标和实现目标的行动，并且是发自内心地认可目标，拥有使命感，愿意为此而付出，以此为基础，更多困难的事情就都可以被攻破了。

所以，韦尔奇用"游戏"这个词形容他的职业生涯，生存当然要付出艰辛，但也不是没有快乐，把做企业和在企业当中生存当成游戏，读懂并遵守游戏规则，就可以赢，并且赢得干净利落。

03　激活潜力

"二七一"的业绩考核已经成为如今很多企业的常态，比例数字上抑或是"三六一"，通过业绩考核区分出头部、中部和尾部来，如同进化论的逻辑，最终，尾部被淘汰。这个做法背后的逻辑实际上和"数一数二"是一样的。这样的做法并不是在考察人，而是考察两件事情：

第一件是公司的每项业务做得怎么样，所以有了对业务上"数一数二"的要求，每项业务都要冲到前两名。而要保证业务做好，不仅是对业务整体有要求，每一项业务中的个体也要力争做到"数一数二"才可以，所以就有了第二件事情，即对于每个人业绩表现的考察。但是一个公司又不可能最终只有一两个精英，还是要依靠更多的人来共同努力，所以就有了"二七一"的区隔。业务上只保留"数一数二"的，业绩上处在末位的将不再保留。这样的好处就是，所有的人都向前看，保持正向。

◆ 营造积极的组织氛围

实质上，做业绩的区隔和末位淘汰本身并不难，难的是，做出这个决定。所以，韦尔奇做了几十年的管理最后得到了一个与人相关的结论，做管理者有时候会非常痛苦，因为有可能会失去自己不想失去的人，而这正是"二七一"区隔考核的挑战所在。

想想看，一个公司很人性化，很有家的感觉，那么，"二七一"又如何来做？但是，理性会告诉管理者，对于末位，留住这个人，表面看是保护这个人，其实是害了这个人。韦尔奇的逻辑很清楚，试想，在自己的庇护之下，等末位的人到了四五十岁的时候又如何生存呢？所以，如果一个人总是落在末位，如果真的想要对这个人负责，就请这个人离开，哪怕再不舍得都要这样做，这是最好的办法。

因此，对于末位"一"的部分，如果他认同目标，也尽力了，对于这样的好人，就请他去找适合他发挥的地方。每个人都有自己的长处，也许你的公司真的不适合他。由此，处理末位的关键词其实还不是开除或者解聘，这是现象，本质的动作是"合适"，是鼓励他去寻找可以发挥他自身价值的地方。否则，留住他，约束住他，作为管理者伤害的可不是一个人，而是伤害了整个组织的氛围。每个人都抢着去做所谓的"好人"，但就是做不出成绩，最终，那些有真本事的人也不愿意来这样的企业。这样的企业怎么可能有竞争力呢？

◆ 关注潜力股

但是无论如何，末位就末位了，不需要过度去讨论，明确了要离开的人，再投入过多精力，就会沦为沉没成本，因为这些人已经不能继续为公司创造价值。

作为管理者，最大的精力不是放在最后面的"一"上，而是前面的"九"上，因为这是给企业可以带来绩效的部分。所以，在"二七一"当中，对于头部的"二"，一定要挖掘出来，并且要给予更多奖励。但是，管理者容易忽略的反而是中部的"七"。事实上，有很大部分的绩效是来自这个部分，而在这个"七"的部分当中，由于数量比较庞大，又可以区隔为"二七一"，而其中的"二"又是很有可能进入头部的。

因此，从整体来看，中部"七"的部分反而是管理者最应该去关心的。事实上，这个部分是一个企业的顶梁柱，承担了大幅的业绩，但是光辉却更多地在前面的"二"当中，他们不是业绩明星，却在默默奉献。另外，更重要的是，如果这部分人长时间得不到关注，很有可能就会有人离开，尤其是这部分"七"当中的"二"的部分，从成绩上他们最接近公司的头部，甚至相差无几，可是从回报上他们的光芒完全被头部拿走，这部分人的落差是最大的。作为管理者，我们真的用心关注过这个部分吗？

很多管理者要么是把时间过多浪费在尾部，要么是太在意头部，而韦尔奇的动作恰恰相反，反而是到中部去掘金，把"埋藏"的金子挖出来，如果这些金子不断闪耀出光芒，组织的力量就会越来越强，并且拥有持续力。

◆ 考核是自然规律， 个人、 企业和行业都在接受考核

当然，韦尔奇在启动"二七一"考核时，外界也有指责，认为这样的做法明显是偏向那些积极正向的人，这让韦尔奇不知说何是好，难道不应该是这样吗？否则，人类社会如何进步。

从这个角度，"二七一"也仅仅是个游戏规则而已，适应了就可以赢了，把企业放在行业当中其实也是如此，所以韦尔奇才要求业务要做到"数一数二"。只不过，行业会相对仁慈一些，先淘汰末位，然后再逐渐向前淘汰，而韦尔奇对企业的要

求更高，必须做成行业头部，不然也没有多大意思，也因此点燃了目标的使命感和人们的斗志，造就了企业强大的竞争力。

即便如此，当一个行业落后的时候都有可能被整体淘汰。一个行业被颠覆，逻辑上正是因为行业处在了生态的末位，准确地说是被淘汰了，还不仅是被颠覆。所以，行业内部会不断洗牌，而行业本身又必须发展，才能生存，这也是韦尔奇要求不要在某个行业上停留太久的原因，哪怕是"数一数二"。或者说，作为一个行业的王者也要引领行业变化，行业不能太久不变。因此，那些活下来的行业也往往是被不断地重新定义和开拓，因为进取才没有落伍。

此外，"二七一"没有特指任何个体，不论是某个人、某个企业还是某个行业，都没有给予特殊优惠，是公平的生态法则，"二七一"的位子就在那里，个体都在流动之中。所谓"快鱼吃慢鱼"，可不只是说只有某只"快鱼"有机会，"快鱼"如果慢了，"慢鱼"如果快了，"慢鱼"同样可以生存下来。所以，不论是"二七一"，还是"三六一"，生存机会是均等的，只是我们愿不愿意多付出一点。

区隔考核被误读的地方正是被人们提及最多的另外一个名字——"末位淘汰"。一方面，这个动作的重心的确不在末位上，是向前看，向着绩效看，向着努力和成长的积极方向看；另一方面，淘汰更不是根本，甚至淘汰这个词已经被很多人理解偏了，这里的本质说的是"适合"，是发挥每个人的长处，找到适合自己的地方，或不同岗位、或不同角色、或不同部门、或新的组织，抑或新的行业、区域，所以，才是"适者生存"。

◆ 自我的激活

不论是个人、企业还是某个物种，任何个体被淘汰本质上是因为"不适"。当然，不能说到哪里都不适。如果到哪里都是末位，那么一定是在自身努力上出了大问题，一定是在自我能力的认知、学习、配备与长期积累历练上出现了重大缺失，想想看，韦尔奇不也是用了 20 年的时间才带领通用电气重回领先吗？依然是那句话，管理者不可能把太多精力放在末位上，更不应该这样，这就是现实，因为管理者需要为更多人负责，需要为整体绩效负责，如果清楚这个现实，处在末位的个体应该更多自责，做自我负责，多关心自己的投入与成长，让企业真正因绩效而非末位关注自己。

如今人们常谈"九九六"的工作强度，但也许这还只是表象，或者说是一种外力的约束。韦尔奇的确是用"二七一"考核这个方法把几十万名通用电气成员拉动起来，基于此把通用电气这头"睡狮"重新拉到世界领先的位置。而因为通用电气开放边界，这个动作甚至拉动整个企业的合作伙伴一起向高水平迈进，进而以更高的水平和更广阔的范围惠及顾客、社会，人、企业、社会都因此得到成长和变得更加美好。

所以，"二七一"只是一个管理上的动作，关键看怎么来发力，如果总是站在负面的角度去陈述这个动作，比如不停地讲末位，不停地强化淘汰而非进步和成长，如果不能让成员理解方法论的本质，整个动作就会变成一种外部压力。相反，当成员真正读懂这套模式的本意，而不仅是读懂考评表格时，这个动作就会吸收为一种内力，这也是"二七一"的真实含义和功效，驱动人自我成长，而非压力工具。

因此，不是盲目做考核，而是让大家懂得为什么要这样做，并且一定要沟通清楚，让人理解，这时，与其说是人被拉起来，不如说是一个被唤醒的人自己激动地跳起来，这样，人和企业才飞得更高。因此，同样是付出"九九六"的工作时间，是内在驱动还是外部施压，效率大不相同，甚至，原本取得同样的成绩也许并不需要付出这么多时间，或者，付出了这么多时间，也许我们取得的成绩应该更好。成效才是本质，不论是"九九六"还是"二七一"，一定要回归自我成长和驱动的本质，这个爆发力一定是惊人的。

04　一线人员的工作改善

从组织文化的角度，韦尔奇带给通用电气的一个非常好的工作习惯就是业务讨论会，这从操作层面上真正保证了企业的业务运行水平。当然，很多企业也都有业务讨论会，但不论是这个动作的施展还是效果，距离有效的业务讨论会也许还有一定差距。

在底层逻辑上，或者说是做出这个动作的内在动力上，业务讨论会实质是在表达对于一线人员的尊重，这可能是不少管理者容易忽略的地方。所以，一些会议往往是有会议、无讨论，甚至鸦雀无声。但是，人很重要的需要是要表达自己的声音，但这在很多时候被压制住了，可是，这时候被压制的不仅是人的欲望，还有人的智慧。

对于这种现象，可以从文化差异的角度去解释，比如有些国家或地区的人更爱讲话、有些则是内敛不爱讲话，有些敬畏甚至惧怕权威、有些则没有，但这不是根本原因，根本原因还是管理者愿不愿意真正理解和尊重人，愿不愿意去听人讲话，有没有正确的方法让正确的声音"冒"出来。比如，很多人以为美国文化相对开放，人们愿意讲话，实则不然，如果管理者不去挖掘，是不会有声音自动发出来的。所以，为了挖掘一线的声音和智慧，韦尔奇采用了业务讨论会的模式。

因此，组织必须聆听和有效激活一线的声音，但又不是让人随便乱发声，这和唱歌是一个道理，音乐家动听的歌唱也是训练出来的，也需要一定的发声技巧，所以，韦尔奇的业务讨论会是有规律可循的。

◆ 讨论主题不发散，要聚焦工作本身

首先，要明确主题，以改善做事的方法为主题。容易忽略的陷阱在于，不是简单有主题就可以了，而是以改善做事的方法为主题。

有的管理者想讨论但又害怕讨论，不太敢或者不太愿意聆听一线的声音，原因就在于，讨论会的动作操作不当，结果把整个局面全部打乱了。典型的现象是，员工总是发声，总是谏言，可从来不是从自身工作的改进出发，反而是"乱"操心，总是操别人的心，甚至所谓的建议都是批评和指责，并没有方法和改进上的行动建议，更可怕的是，不安心工作，在自己工作还是一团糟、没有弄明白的时候，总是想着老板的事情，操着公司战略发展的心，这样整个组织就乱了。所以，主题非常清晰，就是聚焦工作方法的改进，怎么把事情做得更好。因此，前提是把声音用对地方。

◆ 融合外部人员

其次，要有外人在，从外部请一位辅导人员。这是韦尔奇业务讨论会的特别配置。有的企业并不太希望自己的声音被外人听到，甚至不太习惯外人进来。但是，关键还是看怎么用。

管理理论当中已经有一个重要的理论在表达这一点，即外部人理论。理论的逻辑也非常清晰，企业的内部资源一定是非常有限的，有些能力或者事情交给外面的人来做反而可能更有价值，毕竟，把资源据为己有不是目标，能不能把事情做好，能不能借用和发挥资源的贡献，能不能产出业绩和价值才是企业真正应该关注的目标。

所以，聪明的企业都善用外部人力资源，不论是外包、顾问、教练，还是韦尔奇所讲的辅导人员，甚至是请外部人来做总裁，这种外部人和传统意义上的"空降兵"以及内部人士都不一样，既有组织融合又有一定的独立性。更重要的是，外部人具备更强的灵活性，可进可出，在企业需要援助或者紧急救火的时候可以随时挺身而出，但内部人也知道这是外部人，知道这样的外部人在完成任务后会离开，对自己不会有太大的威胁，所以排斥感和警戒心相对会更低，甚至由于知道外部人是来帮助自己的反而更加支持和配合。在这一点上，"空降兵"和内部人都比较难起到这种作用，有些时候纯粹的"空降兵"无法奏效，这也是一个重要原因，"空降兵"的最大挑战不在于个人能力，而在于他的身份对内部人的影响和冲击，以及由此而带来的内部人支持力度的强弱。事实上，外部人的价值比我们想象的要大很多，所以，张瑞敏才主张，全世界都是海尔的人力资源中心，海尔的人力资源部门已经不在内部，而是世界。这时候我们就会懂得韦尔奇这种特殊安排所蕴含的智慧了，不妨想想，企业在做讨论会的时候，准备了团队，准备了白板和演示材料，有没有准备一个外部的辅导人员呢？这个人也许就是声音的催化剂。

◆ 解放下属的思想并确认好的做法

再次，上司未必全程都在，但至少首尾要在。会议一开始，上司要在场，先说清楚两件事情：一是说明本次会议的积极意义，二是表达承诺，承诺会上 3/4 的建议会现场出结果，通过或不通过，1/4 的建议一个月内必须出结果。说完之后上司就可以走开，会议进行到最后再回来，来兑现承诺。这就是韦尔奇的动作要领。但是很多时候，我们并没有做到，要么是费力不讨好，要么是上司也"偷懒"，免去了本该自己做的一些事情。

当中存在两种情况：一种情况是上司全程陪同，可能会出现的问题在于，该上司说的时候上司没说，不该说的时候又讲了过多，过程当中上司的权威一直在场，没人敢或者有太多空间表达，而这个时间段本该是上司可以解脱自己的时间，用来去做其他重要的事情。所以，管理者也不要总是抱怨自己时间不够用，其实是没用好。结果是费时费力，劳师动众，最终还没有效果。

另一种情况是上司自己不能掌控会议节奏，不能管理好自己的时间，总是被各种突如其来的事情打断，比如电话或者到访，还有一些时候，上司离开之后就没有再回来。最终，讨论没有下文，导致承诺无法兑现。当然，所有人都按时到而上司迟到的现象危害就更大了，不论是从规则本身还是会议效果来看，都大打折扣。如果讨论会总是这样开，一次没有成效还是小的损失，更重要的是，有效会议的习惯和员工对于会议的信任、敬仰、热情都很难建立起来。于是，最后，各种会议流于形式，这就是今天一些企业的局面和习惯。

◆ 持续的讨论和改善才能积累出有效的方法

最后，也是最为重要的一点，要持续开会。开会不是一次两次的事情，重要的是工作习惯，因为经营和管理企业永远都有层出不穷的机会和要解决的问题，各个业务和部门也是如此，也因为改善永远没有终点，可以持续改善，所以，真正好的公司不会把这个动作当成一个很特别的、偶尔的事情来对待，就是日常很自然的工作习惯。韦尔奇率领通用电气用了几年、执行了几万次这个动作，最终把这种方法培养成为通用电气的工作习惯。结果也可想而知，做事情的效率大大提高，因为方法越来越高超，比如，喷漆作业程序如何更快更好、如何缩短零配件的制造周期，甚至如何提升财务结算效率，所以，通用电气方方面面的效率都得到了提升。而因为这种方法的保持，也让通用电气可以保持不断的效率提升。这就是通用电气业务运行竞争力的重要来源：通过有效的讨论真正释放出一线人员的智慧。

关键在于，我们是否做到了当中的核心动作要领。

韦尔奇用"二七一"的动作统一了大家的上进行为，用业务讨论会的动作解放了大家的头脑和思想，让聪明的大脑努力上进去创造价值，这是极富智慧的动作。相反，我们是否有太多的企业约束了人的思想和创造力而又让人在行为上很乱呢？这值得反思。

以上模式，就是韦尔奇留给通用电气的最为宝贵的财富，所以通用电气离开韦尔奇也能继续有效运转，这种模式财富的贡献是对每一个卓有成效的管理者的要求和根本检验。甚至这种财富都不仅是留给通用电气的，而是全部国内外企业实践和管理理论研究的财富，如此之重要，我们又有什么理由不去准确挖掘研究和实践呢？

05 螺旋式增长：增长，更新，再增长

毫无疑问，"数一数二"战略是韦尔奇最举世闻名的举措，堪称是让臃肿的通用电气重塑身段的绝招。不过，对于这个动作今天也有一些误读。

◆ 增长的本质是向现在的自己发出挑战

"数一数二"给人最大的幻觉就是地位，有可能会让自己感觉自己非常强大。所以，韦尔奇在通用电气提出"数一数二"时实际是在冷静地做布局，"数一数二"其实只是底线而已。如果单纯地要求各个业务进到"数一数二"的位置，就可能会出现一个不太好的结果，会有人专门进细分领域或者是不大的领域，由于这个领域相对较小，又全力以赴去做，那么很快就能做到一个领域的头部，这样"数一数二"的任务就完成了。可是，这时候只是空有地位而已，贡献的真实业绩非常有限，自己并不强大。

所以，在"数一数二"背后，韦尔奇一个隐藏的动作是，他要求每一项业务，一旦份额达到 10%，必须立刻去开辟新的空间，不要停在那里。这是真正厉害的地方，这个动作不但可以防止自大、停滞不前，还可以让对手措手不及，并且主动权始终掌握在自己手里，让自己实力不断提升。因此，"数一数二"的本质并不是地位，韦尔奇要的其实是增长，并且是持续不断的增长。

因此，事实上，根本没有第一，没有什么所谓的"数一数二"，因为一个"数一数二"拿到之后，必须马上开辟空间，继续拿下一个"数一数二"。这会真正驱使一家企业永远在路上，不是摘得"数一数二"的桂冠，而是永远在攀登赢取这份桂冠的路上。这样的动作才能让企业持续走下去，可以持续领先下去。这时我们也能更好地读懂任正非在华为所倡导的"没有成功、只有成长"了。

所以，"数一数二"并不是要战胜对手，而是要战胜自己，不断向自己发出挑战。

◆ 在适当的时候放弃和更新，形成增长的良性循环

这就是为什么通用电气经常卖业务的原因，不是因为这项业务不好，而是他们要做更好的事业了，或者说更值得他们去做的事业。所以，不好的业务卖，好的业务也卖，卖掉不好的业务是因为做不到"数一数二"，卖掉好的业务是因为做到了"数一数二"，但是又有更有价值的事情要做，要奔赴下一个"数一数二"了。因此，表面上看各种买卖的动作让人眼花缭乱，其实本质上就是成为"数一数二"这一招的各种"套路"。

卖掉那些"黄金"业务，因为处在巅峰状态，别人都会抢着买，还能收个好价钱，这就可以备足粮草攻打下一个山头，从而造就了"数一数二"的良性循环，没有任何间断，可以持续处在"数一数二"的领先位置上。我们在欣赏他这个动作的时候，他永远进行下一个动作。每一个动作都非常漂亮，并且每一个动作之间的衔接又都非常流畅，这需要极为清醒的认知

和坚定的行动。

这就是真正的高手，深不可测，飞来飞去，行云流水，这样形容并没有夸张。马云非常热衷于金庸武侠，自喻花名"风青扬"，而金庸武侠最真实的地方在于他本人也是在商场上身经百战，所以，不少企业家都热衷于金庸武侠，而在现实当中，马云打造组织文化的时候就是非常明确地向韦尔奇率领的通用电气学习，足以见得韦尔奇的"功力"。所以这些所谓的"高手"并不是虚幻的，是真实存在的，并且一招一式都是值得我们去用心琢磨和虚心学习的。

这时，我们就真正懂得为什么 21 世纪后通用电气要出售有超强吸金能力的"信用卡"业务和世界级的白色家电业务了。韦尔奇早已经用 20 年的时间夯实了通用电气"数一数二"持续增长的动作习惯，所以，不停地去做"数一数二"，会成为习惯性的动作。未来一定还会不断有这样的经营操作；相反，如果没有，反而需要担心"数一数二"的持续性了。如果懂得这个深层次的动作逻辑，也可以理解为什么通用电气会有无边界和全球化的关键动作了，背后实际上就是"数一数二"的持续增长驱动，这也充分验证了"数一数二"隐形的强大内驱力。

◆ 增长的稳定性：不因逆境或顺境放松增长

因此，"数一数二"的本质在于，不是在谈地位，而是强调增长。不论地位高还是低，只有一个要求，努力增长。所以，韦尔奇在战略讨论上时刻提醒高层管理团队两个注意事项：一是有人在做计划时用了大量的篇幅来说明当前的形势不好，环境有多么恶劣，潜台词是，目前能做成这样已经非常不错了，并且，这预示着要放弃一些增长，或者增长要放缓了；二是有人用大量的篇幅来说明目前已经取得的成绩，展示成绩如何出色，过去连年取得两位数的百分比增长，觉得目前已经做得差不多了。

这两种情况是现实当中常见的典型。每当遇到这两种情况，韦尔奇总是出来重新纠正他们的动作，要放平心态，做到真正的实事求是。真正的坦诚是在自鸣得意的时候可以让自己归零，是在遇到问题的时候坦然面对，直面问题并解决问题。唯有如此，才可以增长，人和企业才可以成长。不论顺境还是逆境，都稳健地把增长这一拳打出去，才是实打实的力道。那些没能持续增长的企业往往是因为这两种情况的波动让自己的增长动作变形。所以，在增长上，一定要非常笃定，与已经取得的成就无关，也没有任何理由可以阻挡增长。

市场份额到不了 10%，就不算"数一数二"，不论任何理由都要争取；到了 10%，又得马上把桂冠摘掉，重归为零。所以，不管是不是"数一数二"自己都不会太舒服，但是，也许习惯了就好了，也是为什么一些优秀企业可以完成常人看似无法完成的持续增长的一个原因。

这就是韦尔奇与众不同的地方，纠正并用 20 年雕塑了这样的行为习惯，可以适应不适，所以适者生存，也因此练就了世界级企业的强健根基。当然，还是不要忘了，先专心做到"数一数二"，心无旁骛，安心做到 10%，离开了这个聚焦的前提，就是乱跑了，心神不定，不能扎根，就不会有任何竞争力。

06　组织支持

韦尔奇认为各行各业当中都普遍存在一个不好的习惯：对好的业绩不做奖励。当然，也许很多人都不承认这一点，觉得这本是天经地义的事情，没人会忘记这一点，但是如果真是做到了这一点，就不存在"激励"这个话题的讨论了。而事实上恰恰相反，激励问题是令很多企业都备受困扰的难题。韦尔奇坦然地承认有这个不好的习惯，反而是找到了可以改善的起点，在这一点上，我们一定有疏忽的地方，并且很可能是大的缺失。

◆ 人的付出需要被看到

我们有奖励，但是，是否奖励的是业绩？换言之，奖励的到底是业绩还是其他？一个人默默无闻地在企业里面工作几年，任劳任怨，主动承担责任，甚至付出了很多别人没有看见的工作，最终却没有得到更好的报酬，只能悄然离去。这是韦尔奇极为强调的情况，而这种情况又比比皆是，我们真的去奖励业绩了吗？真正值得我们肯定的行为是否得到关注和奖励了呢？

我们有考核，但是，没有考核业绩。或者说，业绩没有成为考核的重心。韦尔奇明确表示，如果考核表超过两页，考核内容就一定有问题。还不仅是浪费时间的问题，里面一定掺杂了很多业绩之外的事项。所以，业绩考核要非常清楚，就是考核业绩，要聚焦主题，而考核内容只需要考察两方面信息：一是目标本身的达成，要让被考核人有自知之明，知道自己的位置和水平；二是进一步提升的行动，这样，既有助于未来的业绩，也有助于人的成长。

此外，因为人总是要成长的，或是进阶，或是调离，所以，如果有额外的内容，那就是再增加一个关于职业发展的考察，了解这个人的发展动向，并且，更重要的是要问一个问题，如果这个人离开，谁可以来做他的岗位？可以请他给予建议。这个时候，管理者既是在关心这个人，也是在关心或者考察这个岗位甚至企业的未来。"铁打的营盘流水的兵"，组织以此来确保每个岗位或角色的业绩。

确实在奖励业绩，也给予了奖励，但是没有给金钱奖励。这是在韦尔奇还没有上任首席执行官之前就发现的一个重要问题，当时他还是副总裁，公司给予了优秀的研究人员很重要的荣誉，比如响亮的荣誉称号，但是却没有给金钱，而此时的副董事长还振振有词，说这些研究人员不需要钱，需要的是得到认可。韦尔奇则持截然相反的意见，这位副董事长非常有钱也很有地位，但是在韦尔奇看来，他恐怕忘了自己早期需要的是什么。

所以，韦尔奇并不支持那些有钱人对没钱的人说钱不重要。他对此很坦然，年轻人一定要很清楚钱对自己来说有多么重要，说自己不在乎钱，显得很高尚，可是自己一定要为后果自负，想想你后面还要买房子，还要给孩子交学费，所以，赚钱是年轻人的生存责任。因此，韦尔奇才反过来说，一定要给予业绩奖励，尤其是金钱，因为这很重要。的确，韦尔奇的角度是对的，他没有站在一个已经名利双收的高级管理者的角度去看，而是站在对方的角度去看，给对方真正需要的。所以，韦尔奇不排斥认可和荣誉，甚至可以接受众人给予一些吹捧，这些都可以用作激励方式，但是，不能没有金钱，否则，荣誉就会失色。

如果看懂了韦尔奇前面的很多动作，如"二七一"和"数一数二"，会觉得他的管理非常刚性，但是如果再从激励的这个角度来看，又会觉得韦尔奇非常善解人意，甚至很关心人，真正能够站在大众的角度而非高高在上的管理层的角度去看问题，可以体谅人心。所以，这一系列刚柔并济的动作才能把几十万人拉动起来，就像是一位太极拳的高手，"四两拨千斤"，因为他的动作非常准确，该刚的时候刚，该柔的时候柔。也如同任正非在华为的动作，"利出一孔"与"力出一孔"相互加持，刚柔并济，尽显平衡之道。聚焦目标，齐心协力，要让人出力，企业得出利才行，反过来看，人要得利，得出力才行，不能只得利不出力，利和力，两端一个都不能少。

◆ 珍惜组织给予的成长赋能

不能总是让大家盯着钱看，要向前看，因为除了金钱之外，成长亦是最大的奖励。而在这一点上，企业是可以帮助人成长的，一个很直接的方式就是培训。所以，培训不是任务，而是企业给予成员的一种重要的激励方式，利用好了，自己就会成长，就可以获得更出色的业绩。

培训就是奖励，并且非常宝贵，这是韦尔奇非常明确的地方。不过，很多时候，我们并没有把这当成一种宝贵的奖励，反而当成一种被动接受的安排，甚至以为是去例行公事。在这一点上，也许一些参加培训的人或许不太承认，但我们不妨看看是否有这样的现象：培训迟到、缺勤，请假外出，培训期间电话不断，虽然有专门的地方来收纳关机的手机，但是很少有人舍得这样做，因为总是觉得会有比培训更重要的事情在等着自己，生怕自己错过，更有甚者，还有冒名顶替的……但凡出现这些现象的时候，对于企业来说，奖励的成本已经花出去了，但是，员工却没有接受到真正的奖励。这对于企业是损失，对于员工的损失更大，因为一个好的培训机会是难得的，不是所有人都会有这种机会，而最终损失的是自己的成长机会。

当然，今天问题也许出在我们很多企业把培训变得非常大众化，门槛很低，要知道，培训是一种奖励，这时，也许我们已经知道很多人不珍惜这份奖励的原因了。举个极端的例子，有的人培训就是自己莫名其妙地突然被拉去培训了。可是，如果培训真的成为奖励，应该是人人抢着去做的事情，这时候，学习和成长的主动性才能够出来，企业真正为培训付出的激励成本才是有效的，当然，参加培训的人也毫无疑问成为真正的受益者。事实上，如果用心去接受这份奖励，用心去学习，就会发现，每经过一次培训，自己距离目标就又靠近了一步。面对刚性的目标，如果个体认真去体会和珍惜，就会真实感受到金钱和知识的组织赋能，只是这一切的根源要依靠个体的能动性，对于一个真正可以和组织激励做互动的个体来说，自我进取外加组织赋能，也许目标并没有那么可怕。

所以，在整个韦尔奇的激励动作当中，主线就是业绩和人的成长，他从不承诺终身雇佣，但是却在极力兑现人的成长，以确保在通用电气历练过的人能有职业能力的提升，这时候即便不在公司，因为自身能力的成长，也一定会有用武之地。也因此，对于一个企业家来说，不要觉得从自己的企业走出去的人能力不高和企业没有什么关系，这些人虽然已经走了，但是在某种程度上还代表着你的企业形象。一些离开优秀企业的人，如果能力确实得到了历练，回想起过去的苦时反而觉得很甜，所以虽然已经离开公司，但是依然可以继续树立企业的口碑和形象，并且自己可以生活得很好；反之，一定是企业和个人都不希望看到的局面。正因如此，组织才需要给予优秀的个体更多学习机会，个体也理应主动争取和珍惜利用。

07　组织需要选择什么样的团队成员

组织的确应该对人的成长负有责任，但是不代表一个组织要把任何人都打造成功。换言之，一个聪明的企业依然要有所选择，并且在选择上非常慎重。因为培养人是要花成本的，如果选择不到合适的人，后续投入的成本会更大，还未必能够实现期望的成长效果。因此，人必须认真雕塑自己，否则其实是对自己的不负责任，因为不太可能有好企业会选择这样一个对自己不负责任的人。而韦尔奇的选人动作在某种程度上也为我们如何雕塑自己点亮了明灯。

◆ 正直是团队成员的前提

对于所有人，韦尔奇选人有三个基本前提：一是正直，也就是要守法，尊重规则，所以一个人要在意自己的名声，对于从别的企业前来的应聘者，韦尔奇会要求去考察他的名声，不论其余条件如何，正直都是最为重要的前提。二是有智慧，但这里说的并不是学历，学历不等于智慧，而是看这个人愿不愿意学习，肯不肯上进。当然会有一些学历漂亮的人，但是应该更看重持续学习的能力，韦尔奇身边的很多出色的人反而起点很低，原因就在于有智慧。想想看，"智慧"这两个字的本义不就是每天都用心学习进而获得更多的丰收吗？三是看成熟度，韦尔奇很在意一个人到底有没有长大，而一个长大的人的非常显著的标志就是可以在压力下控制自己的情绪和行为，而不是失控，反过来说，在良好的境况下，比如自己取得成绩时，自信但又可以保持谦逊。

这里一定要特别注意，韦尔奇反复强调，这些是前提条件，不是等进来企业之后才考察的。反而我们今天有很多企业就是犯了这种大忌，先让人进来了，最后才发现人在基本前提上有问题，这时候已经晚了。所以，所谓的对于价值观的考察，不仅是入职之后的考核，最重要的是在进入公司之前的审查。另外，还需要注意，这些考察只是门槛，企业容易陷入的另外一个误区在于，对于通过这种门槛的人给予过高奖励，这会误导人们以为这是对自己的最高要求，事实上，不是在门槛上达标了就可以了，这是前提条件，企业关键要考察的还是业绩。

◆ 能够促进团队的执行效率

对于团队成员的标准，韦尔奇按照"4E+1P"的模式进行衡量，包含五个要求：一是正能量（Energy），自己要有活力，以饱满的状态工作，不抱怨辛苦。

二是赋能（Energize），对于一个团队成员来讲，不仅要让自己保持能量，还要能够把积极的能量传递给团队成员，赋予伙伴能量，实际上是相互赋能，这种彼此的加持促使大家可以一起完成更为困难的任务，并且共担喜悦。所以，借助韦尔奇喜欢用的"唤醒"这个词，真正的团队成员是可以唤醒他人的。

因此，激励工作实际上在选人的时候就已经开始了，尤其是对于一个真正的团队成员的要求，首先，可以自我激励；其次，还要可以去激励别人，彼此相互扶持。需要说明的是，很多企业在做激励的时候非常吃力，做得非常痛苦，因为花了很大的力气和成本，效果依然非常有限，原因就在于没有选对人，如果是有可以自我激励和相互激励的人在，一定会让企业省心很多，事半功倍，并且成员成长的速度也更快。

三是坚定（Edge），这一点需要特别强调和解释，因为这一点往往是影响团队效率的最为关键的地方，也是最容易忽略的地方，所谓坚定，指的是孤注一掷，心无旁骛，就是坚决地去解决问题。

在这一点上，韦尔奇担心的是，很多聪明人反而很纠结，用各个角度去分析问题，而且是无休止地分析，把时间全部耗费在辩论对错上了，而事实上，团队根本不需要这么复杂，目标已经有了，问题就摆在面前，没有任何后路，解决问题就好了，而不是总是去分析问题，彼此在证明谁对谁错上耗费过多精力。所以，坦白说，团队未必需要那个最为聪明的人，如果这个人总是唱反调，甚至把所有的人都带偏了，这反而成了最危险的成员。

韦尔奇很明确，如果有人总是有意地去挑战权威，试图通过这种方式来证明自己的聪慧和高明，这样的人都不是真正的聪明，并不真正拥有智慧，通常会被请走。这样的人即便自认为再聪明，对于任务执行都是阻碍。真正的聪明人应该把聪明的才干用在如何更好地解决问题和完成任务上，以此来证明自己的价值，而非用在争辩显示自己和消耗团队效率上，"聪明反被聪明误"，就是这个道理，团队并不需要集结这样的聪明人，因为会误事。相反，真正的聪明人是会成事，而聪明过度或者自喻聪明的人反而可能"成事不足、败事有余"，能量没有用到对处，所以败事，这是我们每个人都需要警惕的。所以，韦尔奇一直都主张坦诚，不要小聪明。

因此，四是执行力（Execute），这是由坚定引申出来的，在一个团队里面，少去说话，或者少去争论，而更多地把精力用来全力以赴执行任务上，这样的人员反而是非常稀缺的，也应该是一个团队真正需要的人。将第三点和第四点结合起来我们就会知道，现实当中一个团队的执行力弱，未必是因为这些人不够聪明、不够强大，反而是因为太聪明、太过自我了，这让自己始终没有办法简单地扮演好一个执行任务的团队角色。所以，越是简单，越是高效。所谓大智若愚，保持简单才是大智慧。

最后，韦尔奇又特别加入了一个激情（Passion）的要求，第五点实际上在前面的要求中已经都涉及了，但韦尔奇还是把这个标准特别单列出来。需要注意的是，这种激情是来自工作，是对于工作的兴奋感，是对于和同事们一起取得成就的兴奋感。甚至我们要对一切都充满热情，热爱自己的故乡，热爱自己的母校，热爱自己的家人，热爱生活，热爱运动。这种激情上的要求反而更有意思了，这提示我们，不要只热爱工作以外的这些事情，有些人对工作之外的事情充满热情，但是一到工作就不兴奋了，这也不是团队真正需要的人。这一点尤其需要我们注意。

08 高阶人员应该展示出"英雄本色"

上面五点是对所有团队的要求，尤其是指对于执行任务的基层团队的要求。当然，相比更高阶的董事会团队，一些经理人团队也会相对侧重于执行层面。最后，回到真正的高阶管理团队，任何团队都有执行的要求，但是高层团队又有更高的战略要求，所以在"4E＋1P"的基础上，韦尔奇又特别提出了四个要求。

◆ 不会因高压变形

第一个要求是真诚，这是对高阶人员品格上的首要考察。要特别注意，越往高层走，品格上的要求反而更高。这恰恰是很多企业忽略的地方，因为可能更在意的是业绩而忽略掉品格。所以，在提拔人上韦尔奇会特别在意这个人是不是一个真诚的人，对于高层管理人员而言，本色最为重要，唯有如此，才能有人愿意去追随，越高阶的领导者越需要追随者，需要得到更多人的支持和信任，才可以展开工作，这个时候人格的魅力就凸显出来了。

所以，在管理理论当中也有着诸多对领导者风格的描述，领导者要会做不同的动作，要会做交易，这是初阶要求，也就是作绩效考核，以此来驱动成员，高阶的动作则是两个：一个是要会做变革，因为要带领成员不断迈向更有竞争力的方向，另一个就是展现出自己的魅力，以此来影响和引导人们前行，这就是交易型、变革型以及魅力型领导风格。

韦尔奇在这里讲的最大的魅力就是真诚，反过来说，而不是虚伪。一定不是表面一套、背后一套，或者一会儿真诚、一会儿不真诚，这样说也许非常直接，但事实上，这也的确已经成为今天可能冲击一个领导者甚至企业的致命性因素。有的企业家或高阶经理人把自己的形象包装得很好，可是一次在外界诱惑下的突然行为失控，形象就会严重受损，甚至被认为是虚伪，而最可怕的是，会丢失追随者的信任，这种追随者有成员、伙伴甚至"粉丝"，而对于企业家来说，最怕丢失的信任就是失去顾客和投资人的信任。一旦出现这种情况，企业家唯有真正实事求是，付出更多的艰辛、成本与持续地真诚重新一点点积累信任和追随者，别无他选，但这反而是最为真诚的表现。所以，准确来说，形象不是包装甚至伪装出来的，必须来源于持久真实的行为塑造。因此，在真诚上，再强调也不为过。韦尔奇把真诚当作高阶人员的第一标准，我们一定要读懂当中的道理。

◆ 对未来承担责任

对于高阶人员的第二个要求，是顺应变化，即对环境的变化要非常敏感，可以随环境而动。这种变化特别是指市场和顾客的变化，原因在于，领导者要带领公司作变革，这个动作也正是变革型领导要做的事情。这一点看似不用多说，但是恰恰需要格外强调，因为高层人员距离一线远，甚至会常常坐在办公室里，并且听到的很多都是些好听的声音，尤其是对于已经取得一定成就和习惯了在自己熟悉的战场上打胜仗的领导者来说，其实对变化非常不敏感，甚至容易固化，故步自封。所以韦尔奇才要求高阶人员能紧贴市场，感知动向，一定要思考下一步的事情，否则，企业就没有未来了。

◆ 可以容纳比自己优秀的人

对于高阶人员的第三个要求，就是爱才。这一点看似也不用多说，但是很多领导者都没有做好，甚至只停留在口头上说说的层面。韦尔奇非常明确，真正的爱才，是可以容纳身边的人比自己优秀，这是发自内心的期望，不是虚伪的表达。韦尔奇可以率领通用电气克服成长的挑战，原因就在于韦尔奇盯着组织内部各个层级的人，也包括组织外部的人，去关注和挖掘优秀的人，并且去吸收和利用这些人的才干，韦尔奇之所以可以成功，正是得益于对这些知识和人才的尊重。

我们的高阶人员，有这样吗？所以，要特别注意，一个不爱才的人，不论他个人的才干如何，都不应该被提拔为领导者，因为这样会掩盖、压制甚至伤害到更多有才干的人。

◆ 能够在失败时依然振作

对于高阶人员的最后一个要求，是振作力。任何人都会犯错误，都会经历失败，作为一名高阶人员也不例外，但是，更重要的在于，在错误和失败之后是如何做的，能不能坦然面对，能不能从中学习，能不能绝地反击，重新反弹，这对一个领导者而言至关重要。而韦尔奇最欣赏的就是那些可以在低谷坚韧不拔，不被困难打倒又重新站立起来的人。也许，正是因为这种特质，才让一个人可以成为领袖。企业也不可能一帆风顺，唯有这样的领袖，才能带领企业走出困境。但要注意，这个品格需要我们真实的历练，不是在顺风顺水的时候讲的，一个人在顺境时很容易讲可以承受困难，但是，真正陷入困境时，就未必能承受了，这时候，反而是最能检验一个人的振作力的时候。这是我们在看一个高阶人员的履历时需要重点关注的地方，而不是仅仅欣赏一个华丽的履历表。

美国文化中有一个词 "Underdog" 来形容可以在不利条件中努力成长的品格，中国文化中也有 "草根逆袭" 之类的说法，TCL 集团今天真正被人尊敬，不是因为其王者履历，中国 "磁带大王" "电话大王" "彩电大王" "手机大王"，这些终将成为过去，被人尊重的是 "鹰的重生"——在企业从王者陷入极度亏损状态时，李东生作为领袖没有放弃，率领企业重生。收获并保持这样的品行，才可以支撑企业走得更远。同样的道理，甚至我们今天看华为，最让人称赞和尊敬的也不仅是超过 1000 亿美元的销售额，而是华为在遇到贸易环境的巨大挑战时，任正非带头出来告诉大家，现在是华为最好的时候，是全体华为人振作的时候，这样的振作力无比宝贵，而这一切的背后，又是一个高层领导者本身的重要带头作用，这正是领袖的意义，也是领袖的魅力和要求。

管理理论中已经有了重要的结论"高阶理论"，即一个企业的高阶人员的价值观和行为会影响企业的命运，而韦尔奇更是通过亲身实践具体告诉我们，是什么样的领导素养率领企业重塑领先，正是以上四个内容——真诚、顺应变化、爱才以及振作力。

懂得了世界上最优秀的企业的选人模式，我们也就知道如何雕塑自己了，知道如何行动才能成为优秀企业选择的对象，而不是一厢情愿。但是很多时候我们需要改变，需要努力让自己变成这样的人，即便我们不太愿意，因为一定会有痛苦和不适。可是想想看，如果我们每个人都可以变成正直、智慧、成熟的人，一定有很多企业喜欢我们，如果我们可以努力变得有正能量、可以激励别人、坚定、敢于执行、对工作和生活同时充满激情，这时，一定会有最优秀的团队愿意接纳我们，或者，因为这样的我们团队也变得更加优秀。如果我们可以再努力一下，真正无时无刻保持真诚，时刻和市场在一起，并且发自内心地去欣赏比我们优秀的人，在逆境和失败时依然可以坚强地重整旗鼓，这时，我们就有机会成长为领袖。这套动作模式非常清晰，需要的只是我们的自我历练，而得到的将是一个更好的自己和周遭，也因此，我们才能真正释放和贡献出自己的价值，行动起来吧。

09　学会与不喜欢的上司　"共生"

企业中有一个很有意思的现象，一个人想离开这个企业，原因并不是因为这个人不喜欢这个企业，而是因为不喜欢他的顶头上司，这个"坏老板"会让人觉得非常不舒服，最后只能不欢而散。

让人讨厌的"坏老板"也许很多人都遇到过，甚至就是觉得老板不好，看不顺眼。更有意思的是，自己不论换到哪里都依然会发现，还是会遇到坏老板。针对这种情况，韦尔奇会先说一个事实：这样的管理者的确存在。

韦尔奇用业绩和讨喜两个维度把管理者区分为四类：有的管理者业绩不好，也不讨人喜，这当然不行；有的管理者业绩不好，但是很友善、很讨人喜；有的管理者业绩很好，但是不友善、不讨人喜；有的管理者则是业绩很好，也很讨人喜。不得不说，最后一种情况是完美的，是理想的。但是，更多的现实是，不少管理者只能具备其中的一样，而对于这当中的一种情况，不太讨喜，但是业绩很好，也就是传说中的"坏老板"，这样的人不在少数，并且不能拿掉，有相当一段时间还是得留在企业当中，企业离不开这样的管理者。这意味着，不管你喜不喜欢，只要你在这个企业里，就要学会和这样的"坏老板"共生。

要与"坏老板"共生，需要我们做出一些有效的动作。

◆ 回到自己身上找根源

在自己身上找老板坏的原因。如果你觉得老板很奇怪，对你很不好，一定反过来问，这个老板为什么这么奇怪？为什么这么不好？老板对顾客非常友善，对一些同事也不错，为什么偏偏对你有成见？这个时候，一定是你的行为和绩效出现了问题，或者一定是期待你有某种行为和绩效。也许老板有不对的地方，但是，找原因，一定先从自己身上去找，不要从外界找原因。当然，原因有很多，根源应该还是来自内部。

◆ 不要预先 "刻板"， 保持客观的认知

要调整自己对权威的态度。也许你自己也没有错，但是，真的有人是天生或者很自然地厌恶权威的，就是没有任何理由地不喜欢当权者，不妨问问自己是不是有这种无意识的认知呢？也许所谓的"看不顺眼""不喜欢"只是一种习惯的内心倾向而已。如果发现了自己有这样的倾向，并且有意识地调整过来，

就会发现，也许彼此之间并没有那么多的不适。

事实上，组织行为学已经用认知偏见的概念来表明我们的一些认知是错误的，并且最终因此得不到正确的结果，这也要求我们重新调整自己的认知。典型的是自利性偏见和选择性认知，我们在认知的时候会自然地做出更利于自己的判断，不会以同样客观的标准要求自己和别人，有些发生在别人身上的一些我们看不惯的行为，其实自己身上也有，但是因为自利性和选择性被自己无意识地过滤掉了。因此，韦尔奇很清楚，没有完美的人，要学会包容。人无完人，就像是你自己不完美一样，你的老板也不完美。人要有自知之明，同时，不要用完美的标准审视别人。为什么我们自己也不完美，自己还可以喜欢自己呢？我们自己当了老板，都未必能成为我们原本所想象的那样的完美老板，也许同样会成为别人眼中的"坏老板"，甚至"变本加厉"，变得更"坏"。

◆ 要接受上司才能感受到上司对自己的用处

要保持正向，如果你自认为自己是一个很正派的人，就不要和所谓的"坏人"一般见识。不要总是抱怨，甚至去找老板的老板去吐槽自己老板的不是，韦尔奇非常明确，这种做法十有八九是会伤害到自己。正人君子不和小人一般见识，但是，自己更不能做小人，不要背后打小报告，说别人的各种不好。

如果你总是纠结于这种事情，局面会越来越不愉快。这不应该是我们的工作重点，还有更有价值的事情在等着自己去做。不要把自己当成一个"受害者"，到处去诉苦，不论遇到再糟糕的老板都不要这样，这都是负向的应对方式，结果不会利于自己。如果自己把自己当成受害者，自己已经被自己打败了。关键原则在于，保持积极，只要那个"坏老板"对你有用，你就接受他，不需要想太多。这样一定是对我们自己更好。

事实上，如果可以保持积极正向，光明正大，我们就可以明白一个最为简单的道理，即便自己再看不惯自己的老板，甚至觉得自己的老板不如自己有能耐，但是，不管怎么说，他是老板，自己不是，他在老板的位置上，总有比自己好的地方，他那里总有自己可用和可以学习的地方。这是极为重要的正向训练，因为这种现象有很多，如果可以训练为正向的思考，就会创造出很多积极的能量；反之，就是大量的能量损耗和浪费。

有的老师和学生在交流的时候，会听到学生们说对于不同课程和老师的喜好判断，尤其是对于不同老师的喜好判断，有的非常受人喜欢，有的学生的确会给出不好的评价，还有的同学用第一印象和直觉去判断喜不喜欢、顺不顺眼，更有甚者，有学生觉得有些老师还不如自己。如果保有积极的思维方式训练，也许学生就会从另外一面来看，自己是学生，老师是老师，不管怎么说，老师站在讲台上，总有值得自己学习的地方，这和"你是下属、他是老板"是一样的逻辑，我们要努力去争取从现实当中可以得到什么，在老师和老板身上可以学习到什么，用在自己身上，老师和老板就有用了，这样，自己也会有用了。所以，很多时候，我们自己没有太大的能耐，原因是没有从外界吸收到能耐，老师那里有知识，老板那里有资源，为什么不能积极地去用呢？如果不去用，我们就没用了。

所以，永远要记得"受用"这个词，如果我们不去接受，是没有办法运用的。比如"效率"这个词更早来源于欧洲和经济学领域的《国富论》，但是当这套理论在欧洲受到一些经济学大师的喜好争论时，当时"更年轻、一无所有"的美国却赶紧学过来用，并在实践的基础上进一步探索出了管理学，《科学管理原理》开启效率革命，高效催生了各大企业，才真正创造了国民财富。

◆ 受到委屈的时候不是诉苦，而是用业绩说话

要聚焦工作，也许你真的受到了委屈，但是你要学会忍受，用业绩说话，而不是承受不了委屈，到处去诉苦。排除了自我的审查和认知上的偏见，也许你真的没有问题，老板就是对你不好。事实上，这种情况不多，但是如果遇到了，你的做法应该是忍受，并且用业绩来说话。

韦尔奇始终乐观地来看问题，所以，在他初入职场 20 年的职业生涯当中，他自己认为很少遇到坏老板，觉得自己很幸运，

遇到的都是好老板，当然，这样的结果也是让他得到很多，事业上可以取得良好的进展。但是，他也承认，自己也的确遇到了一个所谓的"坏老板"，那是在他要竞选通用电气首席执行官的时候，一位副董事长就是给他投反对票，坚决反对韦尔奇当选，这让韦尔奇非常厌恶，可是，韦尔奇最后还是把这种喜恶放掉，专心于业绩，最终凭借出色的业绩让自己成为首席执行官。这位全球最伟大的首席执行官正是始于这样的历练。所以，你会发现，当你真正可以贡献业绩的时候，所谓的"坏老板"喜不喜欢你也不是特别的重要，你们之间是可以依靠业绩来共生的。学会逆来顺受，往往就可以和逆境共生。

这就是与老板的共生之道了。当然，有人可能觉得这样的做法是很利于老板的，其实也利于我们自己，当彼此把所谓的个人喜恶拿走，专注于工作时，彼此在一起的效率才能真正释放出来。不要让这种好坏判断去损耗效率。彼此真正的喜悦来自绩效和成长。

对于那些不敢去做"坏老板"的管理者，因为会害怕得罪下属而无法让自己继续前进，韦尔奇也在为这些人打气，当下属的绩效真正出来的时候，当下属真正成长的时候，下属一定会感谢你的"坏"，这种严厉的爱才是彼此应该真正体认和珍惜的。

所以，这样的老板，真的坏吗？

10 充满热情地投入工作与生活

韦尔奇很简单地总结了自己的人生模式，他从来没有想太多，只是在遵循简单的模式，求学、毕业、成家、立业，仅此而已，但他全情投入，珍惜这张人生的船票，所以，才成就了自己的美好生活。而对于其中超过 40 年的职业生涯，依然奉行着单纯的原则，认真工作，好好享受生活，别忘了拿出一点时间，让自己做个好父亲。这就是韦尔奇的动作模式，如韦尔奇所主张的，不见得每个人都要成为韦尔奇，但是按照这套模式来做，肯定没错。对于一个在职场当中的人，要真正理解这套模式，必须非常坦诚地认知平衡工作与生活背后的原理。

◆ 热情是可以提升效率的

企业在意的是竞争力。这是韦尔奇很明确的一点，企业在意的并不是一个人快乐与否，只有当一个人的快乐可以给企业带来竞争力的时候，企业才在意这个人的快乐。毕竟，企业终究是企业，不是乐园。企业要靠竞争力维持生存，一个人也是如此。

但是，有意思的是，企业也不想人不快乐，也不愿意看到一个人的工作和生活失去平衡，甚至牺牲掉很多家庭的生活，但是，竞争力依然是企业的原则。所以，如果一个人能出业绩，企业同样是愿意帮助协调工作与生活的平衡的。韦尔奇重点强调了"如果"这个关键词，这是一个不能忽视的前提。

因此，对于我们来说，最关键的动作是：要为自己"赢"得工作与生活的平衡。比如，通过绩效的积分赢得时间上的福利，所以，自己的工作效率至关重要。韦尔奇始终强调"赢"的意义，也在这里。如果一个人真的"赢"了，是有可能在工作和生活上"通吃"的。而其中的关键动作要领在于，全情投入。比如韦尔奇的标准动作，不论是对于工作还是生活，都要拿出 150% 的热情出来认真对待。这正是虽然每个人每天的时间都一样，但是却呈现出巨大价值差异的根本原因。如果一个人用 50% 的热情投入了"九九六"的工作强度，一定是极为低效的，是无法赢得工作与生活平衡的，反而会促成恶性循环，这才是致使人们对"九九六"不满的根本原因。

◆ 工作幸福感：自己感受工作付出的意义

那么，人怎么才能有热情呢？这就是很多企业忽略的地方，所以，韦尔奇则提醒企业做一个关键动作：企业应该让工作充满乐趣。既然会有工作与生活的冲突，既然人们为了工作会舍掉一些快乐，那就让工作本身成为快乐的补偿，更准确地说，工作本身应该让人感受到快乐，这是一个聪明的企业应该去做的。不要让人已经在做着工作，还那么不开心，结果，员工不开心，企业也得不到想要的竞争力，最后，双方付出了很多，却都没有得到想要的结果。

事实上，组织行为学这门学科的诞生正是因为发现了这一点的存在。行为科学的奠基人乔治·埃尔顿·梅奥对于人的态度和竞争力的跟踪研究表明，当人们无法快乐地工作时，竞争力是出不来的。但是，因为组织行为学的落点在个体的行为，同时，也接受企业需要竞争力的前提，因此，给予的两个关键结论在于：一是工作幸福感，不是单纯讲幸福感，包括满意度这些概念在内，组织行为学不单纯地提"满意度""幸福感"这些词语，而是必须和工作放在一起。当中又蕴含着两个意思，要幸福地去工作，要从工作当中获得幸福，不要让自己的幸福感只来自于工作之外的事情。当然，也不要曲解从工作当中感受快乐的意思，并不是说工作很简单或者是享乐主义，而是工作本身的意义和价值，以及取得工作成就带给人的幸福感和意义。

也因此，第二个关键结论在于，强调自我管理，于是才有了调整认知偏差、调整认知失衡、情绪管理、情绪智力或情商等概念，目的是要正确引导和雕塑自己的行为，回到可以同时获得绩效和幸福的轨道上来。其中的关键点就在于，感受到工作本身就是幸福，不是被动地工作，而是主动地去工作，这就是韦尔奇反复强调的工作热情。事实上，对待生活也是如此。我们要去挖掘出生活的意义，挖掘出和家人、朋友在一起的意义，我们就会有更大的热情。同样，如果我们可以挖掘出工作的意义，工作的热情也就有了。只是，韦尔奇似乎更善解人意一些，作为老板，要站出来帮助成员找到工作的意义，让人感受和享受工作的激情和乐趣。当然，不论如何，这份感觉如何只能自己知道，并且是自己说了算，因此，归根结底还是要自我管理，自己去引导自己和挖掘快乐，让自己乐在其中。

所以，韦尔奇同时也很直接地表达，再宽宏大量的老板也不会认为你的工作与生活平衡是他的事情，你的事情永远是你的事情，你得自己去解决。

不论说再多，要赢得"工作与生活的平衡"，可能要付出"工作与生活的不平衡"，如果我们认真去理解，这句话并没有问题。因为不管怎么平衡，总归要有取舍。韦尔奇很坦然，在商业成就大的那些人的"工作与生活平衡"的世界当中，亲热孩子的机会一定少了一点；相反，在和孩子有更多欢声笑语的人的"工作与生活平衡"的世界当中，成就事业的机会一定少了一点。因此，工作与生活平衡的本质不是平衡，而是取舍，因为平衡往往会引导我们什么都想要，并且会引导我们从得到而非付出的角度去看问题。所以，要多谈取舍，而不是兼得。

不要相信没有成本的工作与生活平衡，那是"广告"。所以，韦尔奇才说，对于在招聘和员工手册上标明的那些诱人的工作与生活平衡政策，不要抱以太高的期望值，就当是广告就好了，不必要哪一天突然跑去向老板吐槽，当初为什么讲得那么好，现实又是这样。不要只看结果，要看付出什么，这些都是要花成本的。不是不给你兑现，吊人胃口的广告本身也没有问题，只是你得能拿出兑换这些政策的业绩积分，用自己的付出让广告变为现实。很多人都停留在看到广告流口水的阶段，如果看到广告流汗水，广告就可以成真。

◆ 意义构建：组织帮助人赋予工作和生活新的意义

在意义的探索上，不仅是个人的事情，组织也是可以有所作为的。借助一家企业经营的案例也许能带给企业一些启发。差异化和低成本一直是很多企业面临的矛盾问题，如果更在意品质的话，成本往往更高，而如果降低成本，又往往会让产品变得平淡无奇。在解决问题上，太阳马戏团是经典案例，这个案例也已经被不少人知道，但是案例本身未必真正读懂，而且可以常读常新。事实上，太阳马戏团做了一个非常重要的动作：取舍。舍掉了价格最高但却已经不是最受欢迎的动物元素，而把重心放在了故事开发和人物表现上。这个动作让太阳马戏团同时获得了低成本和差异化优势。

这个案例更精彩的地方在于，这一舍得动作当中的细微动作，让人的工作更有意义。传统的马戏团动物表现是主角，人是驯兽师，而太阳马戏团不仅重新定义了行业，更是重新定义了马戏团这份工作，人不再是驯兽师，也不再是配角，人成了这个行业和这份工作最具价值的要素。人可以去解放自己的想象力创造剧本，人可以演绎精彩的故事和多姿多彩的人生，人可以与观众进行更为直接的互动，人可以直接感受到观众的喝彩。这才是太阳马戏团这个动作最伟大的地方，真正让人可以创造无限的价值。当很多同行摸不清楚太阳马戏团究竟是在做什么的时候，太阳马戏团悄然把自己从一家马戏团创新为一家高科技公司，或者说是技术含量高、真正依靠技术和人本价值驱动的内容公司，所以才开辟了蓝海，引领了人和行业的成长空间。

因此，理论上，对于依靠取舍这个动作获得竞争优势，战略管理理论称为价值创新，因为从方向上捕捉到了新的价值元素，这样企业首先在战略上已经具备优势，并且，因为这种有价值的新方向，为产业发展也开辟了新的空间。而我们看不到的隐形动作却是组织管理，这才是真正支撑战略实现的关键。所以，从组织管理的角度来看，这个巧妙的动作在理论上也有一个非常好的名字，称为"意义构建"，也就是我们要为工作赋予意义，才可以激活个体。在这一点上，太阳马戏团对这份工作意义的重新定义和挖掘无疑是典范。

因为意义构建，人不再是工作的配角和附属品，而是工作价值的主角和创造者，人不再被动地接收工作，而是主动创造价值和工作价值的见证者，这时，工作一定可以让人更为快乐。想想看，我们到底在为什么而工作？企业能否帮助成员的工作更具价值？一个农牧企业的一线工作者到底是在养猪还是在做一份造福健康的工作？不同的价值创新和意义构建一定会得出不同的商业模型和员工价值。同样的道理，同样是陪孩子或家人一个小时，能否让这一个小时更有意义一些呢？这需要我们自己来构建。

◆ 取舍与聚焦：把 "工作与生活平衡" 的范围划得再小一点

工作与生活平衡需要自我管理，很多时候我们要敢于对"工作与生活平衡"之外的事情说"不"，而不是让"工作与生活平衡"囊括了一切的事情。

在这一点上，韦尔奇很欣赏他在通用电气的一位经理人。这位经理人的孩子要考大学，很多中年人到了这个时候往往会说因为要照看孩子所以牺牲了自己的晋升机会，但恰恰相反，这位经理人照看孩子和自己的仕途都没有耽误，其中的秘密在于，他推掉了很多琐碎的事情。相反，我们的工作与生活无法平衡，正是因为被很多小的事情所塞满，有一些其实是不需要你去做的，毕竟，你要的是工作与生活的平衡，不是那些冲击平衡的小事。事实上，明明是这些小事在作怪，最后却把自己无法晋升的原因推卸到孩子身上，不怪自己怪谁呢？

今天，全球化和不确定性已经走进我们的世界，对于一个个体来说，世界变得更大，这意味着这种变化对工作与生活平衡提出了新一轮的挑战。如果我们是全球化的工作，工作时间就很难只限定在自己所在时区的习惯时间。解决之道仍然是快速切换，保持专注，知道自己不做什么，但是该做的又一定要做。

就像是一向低调的任正非在面对突如其来的贸易关系不确定时，他也会第一时间到公众面前接受媒体的采访，而面对采访，当记者关心他在如此大的压力下能否休息好时，他又很开心地说采访之前还午休了一会儿，这样才能精力充沛地工作。事实上，这也正是华为"床垫文化"的真正意义，该休息时就休息，该工作时就工作。而在他的言语之间我们又可以感受到他接连不断的工作节奏，比如晚上找到一幅很贴合华为今天状态的图画，深夜接到国际合作伙伴的电话支持，凌晨和高层管理团队讨论，但是工作之外也不乏对家人的关爱，所以他又会找时间和家人通电话。这当中，有无时无刻的工作，但又不乏休息和对家人的关爱，任正非极少出现在公众论坛，也极少甚至不会参加各种颁奖，但是该他站出来的时候他也总会挺身而出，知道自己"不"做什么，而在该做什么的事情上又可以快速切换，这也许就是很多人生赢家的动作。而当记者在感叹华为有这么多的无名英雄在默默无闻地工作时，任正非更是坦然，对于华为人来说，包括自己在内，要那么出名做什么呢？安心做好工作就可以了，这样就可以让家人过上更好的生活，这比自己出名更重要，任正非甚至也不觉得自己是什么英雄。这就是他在华为一贯的主张，在理性与平实中存活。从这个角度看，他和韦尔奇是惺惺相惜的。

当然，最后，别忘了自己。有的人想把自己变成救世主，对谁都负责，工作、家庭、各种组织和志愿机构，自己看起来也的确非常伟大，因为自己在为了这么多的人做出牺牲。韦尔奇不是说这不好，关键是不要忘了自己，自己只是一个普通的人，最大的挑战在于，这样做，一会儿半会儿还可以，但是很难持续下去。甚至最后会让自己疲于应付，疲于奔命，找不到意义和乐趣。所以，不妨给自己一些时间，别总是想着别人。如果我们以牺牲自己的方式让身边的人快乐，他们也不会快乐的。

我们都知道一句话，不要让自己的快乐建立在别人痛苦的基础之上，这句话今天已经讲得很多了，不妨也反过来看看，也不要让别人的快乐建立在自己的痛苦之上，别人不希望这样，也不想成为牺牲你快乐的"罪人"。归根到底，每个人都要为自己的人生负责。

上述标准动作就是韦尔奇给予通用电气人开启幸福之门的钥匙，事实上，每个人都可以拿起这把钥匙，为我所用。不要做一个不懂幸福之道的"门外汉"，练就这些动作，自会通往幸福。

第2部分

成为高效率的管理者

德鲁克几乎一生都在研究和总结管理的规律，从20世纪30年代末到21世纪初期，将近70年的时间，他笔耕不辍，出版了将近40部著作，在《哈佛商业评论》上发表了近40篇论文，能够持续70年的研究和写作生涯，这在任何学科领域都是壮举。所以，德鲁克在总结自己一生的贡献时认为，他创建了管理学。而在韦尔奇看来，德鲁克用毕生的精力来梳理这门学问的规律，全世界的管理者都应该感谢德鲁克。鉴于其对管理学毕生的追求和贡献，资深学者赵曙明尊称德鲁克为管理学的"一代宗师"。

的确如此，但是如同德鲁克对这门学科的实践价值主张，对于管理者来说，对这位"一代宗师"的敬仰也应该更多地体现在行动上，应该习得有效管理的能力，借助管理能力真正造福自己的伙伴、组织和社会。从某种程度上说，相比实践者韦尔奇，作为一名学者的德鲁克的管理逻辑又更为深刻，习得这些逻辑将练就更为扎实的管理真功夫。

德鲁克更值得称赞的地方在于，尽管他总结了一系列铁律般的动作标准，但他又不认为管理是一门纯粹的机械运动和科学原理，而是一种人文艺术。说得再多，还是得人练到那个境界，需要每个人自己净化内心并付出从自己起点出发的行动，每个人的起点和环境都不同，所以每个人的付出也是不同的，也因此，要练就真功夫，每个人都需要与众不同的付出。而当我们能够呈现出这些高标准的管理动作时，就像是精湛的杂技和武术一样，本身就会绽放出艺术之美，这正是管理这门技艺的精髓和魅力。随着实践的推动，以及更多高水平管理动作的做出，很多管理动作的标准也在提升，所以管理水平也是持续改进的。但是，高楼大厦平地起，我们必须从履行根基的准则做起，对于管理来说，就是效率。这是正宗管理学的底子。

从 1939 年的《经济人的末日》开始，作为一名社会学者，德鲁克开始关注企业，因为他在研究社会学时发现，社会的基本构成单元是组织，这个单元有着强大的力量，唯有这个单元表现出竞争力，当中的人以及由组织构成的社会才有竞争力，这是德鲁克的社会发展逻辑，但核心单元是组织的发展。而在诸多组织当中，率先表现出竞争力的又是企业，于是，他开始从研究社会学转向研究企业，而通过研究企业，德鲁克又发现，企业的竞争力又是源于一个特别的动作，这个动作就是管理。沿着这个逻辑走下去，德鲁克不断地去探索这个动作的门道，如何做才能更有效，找出门道来之后，有越来越多的人也开始感受到这门功夫的魅力，于是前来学习和操练，这时候，管理就成了一门学科。

到 2004 年的时候，德鲁克把过去 65 年的跟踪研究做了一个总结，以如何成为有效的管理者为主题，总结了高效能管理者的关键动作要领。他的核心主张还是在动作上，因为在过去 65 年和企业实践在一起的时间里，他见过形形色色的管理者，有内向的，有外向的；有温文尔雅的，也有霸道的，但是都有成功的，关键在于，这些人的行为模式是怎么样的，而这些动作又有一些共性，所以，德鲁克才以此为主题总结了高效能管理者身上的一套真功夫。

值得一提的是，在这之后的第二年，2005 年，96 岁的德鲁克先生离世，直到弥留之际这位学者依然在保持研究和写作状态，所以，在 2004 年的时候德鲁克已经是 95 岁高龄了，这套几乎汇聚了他毕生精力的总结也更为成熟。

01　改善效率的起点：做排在第一位的事情

对于所有高效能管理者来说，要取得成效，关键前提是，做的事情必须是对的事情，也就是决策要对。这是管理者的第一要务，德鲁克称为要事优先，我们首先要做的必须是最重要的事情。这句话看起来再简单不过，但也是管理者最容易犯糊涂和出错的地方。

在对要事优先的界定当中，最为关键的动作是"首先"，我们要做的是第一位的事情，而不是第二位的事情。

在这一点上，德鲁克同样非常赞赏韦尔奇的战略选择。很多人把规模扩张当作企业第一位的事情，但韦尔奇不是这样认为的，他把竞争力放在第一位。所以，当韦尔奇接管通用电气时，当他可以作为首席执行官来主宰这家企业的命运时，他放弃了很多人眼中排在首位的事情"大企业"，而是把竞争力排在首位，不是扩张，而是聚焦收缩，这个决定就是"数一数二"，这就是对的事情，是正确的决策，是效率的根基。正是因为很多企业在都没有做好这个第一位的事情的时候就整天把时间忙在第二位的扩张上，才导致了竞争力的缺失。所以，不得不承认，多数企业甚至多数人都没有在做第一位的事情。

延续德鲁克从韦尔奇身上发现的动作，因为韦尔奇是公司最高的首席执行官，德鲁克又进而提醒，对于下级各事业单元来说，首要的任务不是自己单元的发展，而是先与集团保持一致。这是大前提，至于其他的事情，不论看起来多重要，都不能排在这个事情前面。这正是今天很多事业单元或下属部门、下属人员会无效率和低效率的原因。

德鲁克这样讲背后有着深厚的功力，可不是随便一说。60多年前德鲁克能够切入管理领域，就是因为对于事业部分权模式的挖掘和总结，这个模式虽然是分权，但必须是上下同欲的，必须是有强大的中央。美的集团的"集权有道，分权有序"就是这个逻辑，因为这个逻辑，美的才驾驭了事业部分权这个动作。一些企业采用事业部之后虽然短期见效，但是最终都用乱了，导致总部和单元都没有竞争力，原因就在于缺失上下同欲，彼此都没有做好第一位的事情，集团没有集权政策，没有统一部署，分部想怎么跑就怎么跑，太过任性和自由，毫无章法。

当然，这里并没有放第三位、第四位等事情：一方面，可以把第二位当作后面这些非第一位事情的决策失误的一个代表；另一方面，第二位本身也有着特殊的位置，因为它最靠近第一位，所以，人们习惯上的做法是，做完第一位的事情，就做第二位的事情，但这并不是最有效的做法。

不论到什么时候，只做排在第一位的事情。第一位叫作首要，第二位就叫作次要了，而所谓"要事优先"的"要事"，指的是首要的事情。这里面的误区在于，当我们做完排在第一位的事情之后，往往会紧接着做排在第二位的事情，但是，如果想更为高效，应该重新问，现在排在第一位的事情是什么，要做这件事情，而不是做过去排在第二位的事情。

这时候可能我们自己也会意识到，一些时间和精力的确是被第二位的事情所占据，如果是这样，怎么能有效率呢？坦然接受，回归第一位的事情，这就是我们效率改善的起点。因此要非常明确，做第二位的事情就是精力损耗，每一分精力都持续放在第一位的事情上，才是集中精力于要事，才能保证每一分精力的效率。

02　要有计划地做事

在把要事找出来之后，高效管理者的第二个动作就是找人把事情做好，并且尽可能避免过程当中的浪费，避免能量闲置，发挥能量的最大价值。这个动作又可以具体拆解为四个动作。

一是计划，没有计划会一事无成，并且造成大量损耗。二是传达，事情必须由人来做，而事情到人的传达不到位往往是事情没有做成的关键原因，并且这种失误是隐形的，是最容易让管理者忽略的地方。三是求知，求知从某种程度上是传达的另一面，但我们必须是更主动地去求知。不论如何，自己的失职责任还是在于自己，所以，每个人都有责任主动问明白对于自己来说最重要的事情是什么，为此需要什么样的知识，如果是做了与组织目标偏差的事情，同样是损耗效能，并且要事没有做成。四是盯住机会和人才，事实上，前面三个动作只是基本动作，当然这些动作都要做好，更重要的是，管理者尤其是高阶人员和企业家应该保证大家有事可做，有更多有价值的事情可做。这样，在做成现有事情的基础上，又重新回到第一个动作找要事的循环上来，进而源源不断。所以管理者应该不断去寻找新的机会，而不是停留在现有事情上，但是机会又必须靠人才来完成，否则机会就白盯了，所以还要盯准人才，确保重大机会由优秀的人去做。

因此，在做事上，就有了两类动作：一类是初阶的动作，也就是做好计划和有效的传达与求知，保证事情做成；另一类是高阶的动作，也就是不断去盯机会和人才，让组织不断有最重要的事情可做，并且有条件做成。这两类动作都非常重要，缺一不可。初阶的动作是基本前提，企业必须要培养起这样的动作习惯，才能保证事情完成得通畅，这是所有人都需要训练的动作，哪怕是再高阶的人员，因为也要做事，所以这是基础的工作习惯。有些企业的领导者很会发现机会，但是，因为企业的基本动作没有做好，没能养成良好的做事习惯，导致最后浪费了大量的机会。当然，也有的情形是企业的基本动作训练得很好，但是没人去找机会，最后大家是空有一身武艺没有地方施展，浪费了一身的好功夫，这就是高阶动作的训练不够。

对于"计划"这个词来说，首先必须要澄清一个基本的认知，计划不是一份单纯的规划，不是计划完了就可以了，对于计划来说，最重要的不是计划作为文案本身，而是必须要能行动起来，这样才能贡献出绩效，否则，再华丽的计划都没有意义。这就是德鲁克反复强调的，计划最重要的是"行动计划"。其中包含五个关键要领。

◆ 从价值贡献的角度理解和设定目标

第一个要领是，目标的本质是在讲价值贡献，而不是自己能做多少。制定目标这个动作看起来似乎是毫无疑问的事情，当然要有目标，并且今天很多人也都清晰目标本身的细则，比如什么时间完成多少任务量，必须非常具体。但比这更关键的是我们能不能跳出自己的角度来定目标。自己的角度就是问，我可以做多少，这是很多人的习惯。所以，目标如果是由自己来定的，我们应该跳出自己的角度去问，组织需要我做出的贡献是什么，要在此基础上得出目标和承诺达成的时间。如果不从这个角度去问，个人目标和组织目标很可能从制订计划的时候就已经出现偏差了。因此，在制定目标上，最核心的动作要领是价值贡献，这是德鲁克给予我们的忠告。

◆ 不能用不合理的手段实现目标

第二个要领是，要考虑约束条件，不能为了实现目标不顾一切地不择手段。有了目标之后就要计划怎么实现目标，但是，在做计划时要当心，不要用不正当的手段来实现目标。

计划是达成目标的动作，是行为，但是要非常明确计划的约束条件，也就是说，不能冲破这些边界来实现目标。换言之，即便是达成了目标，如果是依靠冲破行为边界而达成的话，也是无效的。因此，要非常明确，不是目标达成就可以了，还要看是怎么达成目标，如果达成手段不合理，也不可以。

当中有四个最重要的约束条件绝对不能冲破：一是合法性，不能依靠违法违规来达成目标。二是合德性，也许有法律没有约束到的地方，不能用不道德的手段来达成目标。三是公司政策，不能违背组织的使命、价值观和制度要求。四是集体的意愿，不能违背集体的意愿，为了个人利益的达成损害集体的利益。一旦冲破这些约束条件，任何漂亮的业绩都不算是有效业绩。因为企业还要为此付出更高额的成本，甚至更为持久的代价。这就是游戏规则，一切达成目标的行动必须在这个范围内进行。这时，就可以大显身手了。

当然，德鲁克也承认，有这些约束条件不见得能成，但没有这些约束条件一定是不成的。德鲁克的这个约束条件动作，如果再融合泰勒和韦尔奇的动作就可以让行为变得更为有效，而不是在边界内乱打，否则，同样是效率低下。借助泰勒的管理动作，管理者通过研究业务，帮助下属找出达成目标的更好方法。借助韦尔奇的管理动作，通过业务讨论会的方式不断挖掘和改善达成目标的工作方法，从而集合集体的智慧。因此，如果在约束条件之内，管理者和团队都可以做出这些有效的动作，就可以距离目标再靠近一步。

此外，这些约束条件不代表组织的边界受到约束。如同通用电气一样，组织依然是开放边界的组织，因为组织内部的资源终究是有限的，每个组织都是如此，而当可以彼此合作时，就会擦出资源协同的火花。当然，不论是管理者的帮助、团队的集合智慧，还是彼此的协作，这些全部都是外力，归根结底，最关键的一步是要自己迈出，任何人都不可能代替我们自己的智慧和行动，自己行动起来，施展拳脚，才能真正实现目标。

◆ 当期计划应该涵盖最新的变化

第三个要领是，目标从执行的角度是相对刚性的，从制定的角度又是有一定柔性的，因为要考虑到变化。柔性是计划用来应对变化的，因为变化是一定存在的，所以计划也要随之改变。因此，计划可以修改，但是计划在修改的过程当中，核心是，增加新的机会。一方面是引入新的商机，另一方面不能忽略，在执行计划的过程当中，不论成还是败，都应该从中看到新的机会，这个新的机会要增加在计划当中。

因此，每一个计划的目标实际上通常是比预定的目标要高一些。我们需要认真理解这句话背后的逻辑，因为今天就是昨天的明天，对于我们现在正在做的这个计划，也是有昨天的基础的。因此，现在的计划，一部分来自于过去的规划基础，这是刚性的部分；另外一部分则来自于今天的变化，也就是新的机会，这是柔性的部分。而比较多的企业做计划往往只有前者，最终得到的结果就是去感叹"计划总是跟不上变化"，之所以有很多人这样去感叹，原因就在于还没有意识到计划的柔性方法论。所以管理者需要注意，计划一定要包含变化，当中的技术要领在于，用新的机会让计划保持柔性。计划与计划之间的差别，实际上就在这些细微的动作上。

◆ 及时检查计划的执行情况

第四个要领是，要对计划的执行进行及时的检查。管理者不能对计划中的目标和行动撒手不管，而是要在计划运行的过程当中设立检查机制。高效的管理者至少会设计两个时点：一是中期考察，也就是在运行周期的中间时点来检查；二是期末考察，也就是在运行结束后考察，但是这里不能拖，必须要赶在下一个行动计划之前。这样才能保证计划进入持续的循环，当中没有间断，并且因为及时反馈，让运行的品质不断得到改善。所以，还是要不断去问，我们的计划是不是有计划、无检查？或者是有计划、迟检查？这些都会造成不必要的损失。

◆ 最重要的事情在哪里，就把时间规划在哪里

第五个要领是，管理者要管理和规划好自己的时间。对于计划中的时间，我们通常只做了一半的工作，也就是亮明了时间节点，比如，什么时间要完成，什么时间要检查。但是，更重要的工作是，计划过程中的时间，而不仅是关注时间节点。

时间是管理者最为宝贵的资源。计划本身应该成为管理者管理时间的工具。因为有时间这个资源，我们才得以衡量效率。在这一点上，德鲁克给予重要忠告，很多管理者的时间不够用，总是被各种事件所绑架，一定是在计划当中没有规划好时间这一最为宝贵的资源。任何组织和人都是时间的消耗者，并且谁都不能阻止时间的消耗，但是卓有成效的组织和人的时间会消耗得更有价值。而在这当中很重要的核心动作技巧是，最重要的事情在哪里，时间就分布在哪里。换言之，如果在时间安排上非常松散，那就是一定还没有分清楚什么是最重要的事情。而精力一旦被散掉，竞争力和效率就都没有了。

价值贡献、约束条件、包含变化、过程检查、管理时间，就是计划工作的核心要领了。事实上，计划这个动作有时候会

受到争议，很大一部分原因在于，根本就没有读懂计划，或者没有按照这些动作来进行，如果连计划的基本动作都没有做成时，一定是无效的。所以，德鲁克也承认，像拿破仑那样的领袖会说自己打胜仗靠的不是计划，但是反过来，他自己还是会为每场战役做计划的。事实上，道理很简单，不可能依靠一个动作来取胜，但这个动作是必不可少的，并且这个动作本身要做到有效，换言之，一场胜仗正是依靠一个又一个的有效动作来实现的。因此，不要忽略每一个关键动作，尤其是计划，因为计划是一切工作的基础，是管理的首要动作。

计划不仅必不可少，并且是管理动作的起点，背后是有扎实的理论根基和依据的。从 1916 年法约尔出版《工业管理与一般管理》开始，计划工作就被视为管理的第一个动作，法约尔界定了管理这项活动的五大动作，计划、组织、协调、指挥、控制，这些动作在今天的确已经成了所有现代管理学教科书的基础架构。只是为了适应时代的发展，做了一些微调，从 20 世纪中期有了组织行为和领导力理论之后，尤其是随着环境的变化对变革的重视，协调和指挥合并为领导，并且在内容上有了变革的新内涵，所以，这时这五大动作就演变为计划、组织、领导、控制四大动作。而进入 21 世纪之后，随着实践中创新创业的兴起，这四大动作又有重新发展成为五大动作的倾向，也就是计划、组织、领导、控制、创新。我们会发现，一百年下来，不管怎么变，计划始终是第一个动作。

　　说计划是第一动作，还有一个重要的实践基础。20 世纪中后期日本企业和日本经济的崛起背后，正是始于计划。这样讲中间跨度看起来有点大，打开中间的"黑箱"就知道了。日本崛起之后对美国的竞争力造成了巨大冲击，美国对此很重视并认真学习，最后发现在这个过程当中推动日本企业进步的竟然是一个美国人自己都没有想到的名字：戴明。

　　20 世纪中期是美国管理理论发展的蓬勃时期，理论界有"丛林"之说，喻指当时理论的空前盛况，美国企业发展也是如日中天，通用汽车崛起，福特汽车也重新崛起，就在这一盛况之下，戴明的质量管理并没有在美国得到重用，反而是被战后落后的日本企业学过来用，并大幅推广。而戴明质量管理的核心正是 PDCA 模式，这套模式的本质和起点正是计划。先做计划（Plan），之后行动（Do），再做检查（Check），最后调整（Adjust），进入新一轮的计划循环，品质每一次都在改善，也因此，有了"质量环"这个好听的名字。就是依靠这套模式，日本企业在不声不响当中一点点积累，最终以品质胜出。最典型的是，在美国最引以为傲的汽车行业和本土市场上，日本企业开始占据一席之地。因此，要想有所进步和改善，计划一定是起点，并且这个动作需要持续来做，长时间做下来，效果一定是惊人的。如果停止了，品质改善就停止了，企业和人就会停滞不前，也不会有持久的竞争力。

03 准确无误地完成信息传递，
否则会有效率损耗

在德鲁克看来，我们对于决策最大的误解在于，以为决策就是做出选择的这个动作，以为选出了决策结果就是完成决策了。事实上，不到决策结果实现的那一刻，决策就都没有完成。因此，做出决策结果只是决策的一个初始动作而已，把最重要的事情找出来之后，更重要的是，让事情有人来做，而这当中必须要有一系列连贯的动作，缺少了这些细微的动作，即便是有能力的人在，这个人也有做事情的意愿，最后还是做不成事情。这两个细微的动作：一个是传达，是保证决策结果有人接住，另一个是求知，是保证有完成事情的完备知识。

要保证决策结果有人接住，必须做出四个传达动作：一是事情由谁来负责；二是事情的截止日期是什么时间；三是要清扫执行路障，要争得利益相关者的支持，要分析这个决策结果可能会影响到谁，得让这些人知情，让决策结果得到这些人的理解和支持，至少不能是强烈反对；四是把决策的内容讲清楚。

事实上，如果要保证做好这些动作，中国文化下的管理动作还需要突破更多障碍，或者需要重新培养一些有效传达的动作习惯。

　　第一个要突破的习惯是善于命令，喜欢发号施令。这从我们的习惯用语当中就可以看得出来，比如在用祈使句的时候，命令的语气用得多，请求的语气用得少。这就容易导致缺乏互动，更多的只是在传递结果本身，对方到底是不是真的理解，是不是愿意支持，甚至是不是听到，作为施加命令的一方其实是不知道的。如果能从请求的角度出发，自己就会发现，如果需要得到这个人的支持，仅仅告诉别人结果就不够，还要多一些解释，帮助别人理解我们为什么要这么做，这样做对别人的意义是什么，这才是请别人做的动作，才有可能达成真正的共识。因此，用命令的时候容易漏掉很多信息，会让我们的思考很不缜密，甚至，会让人很不舒服。所以，虽然执行命令不需要太多解释，甚至不需要任何理由，但命令本身是需要解释清楚的，否则就会造成指令不明，造成行动上的巨大浪费。理清楚这个逻辑，对于管理者来说尤为重要。管理者是要对最终的决策结果负责的，要在意事情是否真的有人去做了，并且得到了想要的结果。

　　第二个要突破的习惯是"猜"。这个比第一个习惯还要麻烦，命令至少是把结果说出来了，猜则是根本没说。猜测这个动作好像看起来境界很高，并且如果谁能猜中自己想什么，似乎就是找到了真正的知己，事实上，这个部分损耗是最大的。猜对了无非是做对了事情，并没有再高明一些，可是，猜错了怎么办？这个偏差造成的损失远远不是再来一句话可以补救了，但是原本也许只需要一句话而已。所以，讲明白看似事小，实际上价值巨大。因此，一定不要去培养猜测的习惯。

如果我们很认真地去思考，现在的很多能量浪费就出现在类似上面的行为习惯上。事实上，很多巨大的浪费不是重大决策本身带来的，而是一些微小的细节动作造成的。

当然，传达工作要做，但又不等于什么都讲，谁都要讲。保密工作是一定要有的，但是不能绝对化，如果是做事的人和利益相关者都不知情，就是传达工作不到位。就像是德鲁克曾经做顾问的一家企业，这家美国企业决定去进军日本市场，决策本身没有问题，但最后却没有成功，竟然只是因为一个细微动作的疏忽，采购人员误以为日本产品的度量单位和美国是一样的，都是按照英制进行的。这就是传达不到位，然而这个细微动作的缺失就让这家企业错失良机，在快速增长的日本市场上没有抢占先机，尽管决策布局是领先的。

因此，在整个决策系统当中，比决策本身更重要的，是管理者要做好决策的传达，这才是最重要的决策工作。

当然，不可能完全依赖于管理者的传达，甚至管理者也有不知情的地方，比如一线、上级和同级同事的信息。对于德鲁克说的企业案例，如果采购人员主动去了解日本产品的度量规则，机会也许就把握住了。这不是"踢皮球"，推卸责任，而是每个人都应该承担责任，最关键的责任就是获取知识。

　　因此，知识这个词，在整个决策系统当中意味着，要承担决策结果，我们应该知道的信息是什么。所以，每个人都要主动去问，这是自己的工作责任。但这不是要求我们到处去打听事情，到处去捕捉信息，这也正是德鲁克提醒我们的，尤其是在大数据时代，我们有意或无意之间都得到了非常多的数据，但可怕的是，很多都是没用的，甚至，知道的很多都是没用的，有用的反而自己都不知道。

　　核心动作要领在于，先弄清楚自己最重要的事情是什么，在此基础上，围绕着自己要做的事情，如何做成做好，明确需要什么信息，再主动去寻找信息，直到拿到信息做好事情为止。这时，我们才真正拥有知识，才是真正意义上的知识工作者。因此，知识不是纯粹指硬性的技术知识，更包括很多软性和隐性的信息需要去挖掘和学习，从某种程度上说，管理这门手艺也属于这类知识，如果我们不知道管理，不懂得管理这门学问的门道，也很难把事情做好。

　　从这个角度看，我们有没有知识呢？够不够呢？还缺些什么呢？这些问题要不断去问，不断去学。不要忘记，主动获取知识是每个人的责任。而今天，每个人都必须成为知识工作者，原因就在于，我们的工作必须依靠知识。

04 确保人有机会施展才能，
人才真正有效

管理者要富有成效，必须要做好前面三个重要动作：计划、传达、求知，但只是做到了这些还不够，还必须进阶完成下一个高难度的动作：不断探寻机会，并且把机会留给最优秀的人。在这方面，考察管理者的基本功在于会做计划、传达和求知，这时候可以保证问题得到解决，也就是把现在的事情处理好。但这依然是基础训练，对于一般的管理者来说基本够用，但是对于更高阶的管理人员来说，必须可以历练并做成这一高难度的动作。事实上，如果真正懂得了其中的动作要领就会发现，这些动作其实也不难，难的是自己愿不愿意纠正自己过去的动作习惯。

很多企业错失良机，总是把握不住机会，往往在复盘的时候会总结两个原因：一是自己水平不够，二是自己的积累不够，毕竟，机会往往是留给有准备的人。这两个原因都没有错，并且总结得也都非常谦逊，甚至也的的确确是从自身的角度出发找原因，但事实上，还没有找到真正的原因。

不妨反过来想想，即便自己的水平够了，积累也够了，机会就会给你吗？而很多企业或人，水平不怎么样，积累也不够，但是机会又很多，这又如何解释呢？当然，这类企业即便能够拿到机会，也未必能成，因为水平和积累不够，但是，如果这类企业的水平和积累再够了呢？或者拿住机会后又找到了有水平的人和伙伴来做呢？

因此，水平和积累很重要，这就是我们说的基本功，代表着我们会解决问题，但不代表我们有事可做。这一点一定是必不可少的，但是对于经营企业来说就不够了。在企业错失良机上，有一个最显然但又最容易让人忽略的原因在于，根本没有去抓机会。从自身角度来看，以下三个动作会让企业错失良机，这也是很多企业普遍存在的错误，需要重新纠正。

◆ 多数人惧怕变化，所以少数人抓住了机会

第一个需要纠正的错误动作是，把变化视为威胁。德鲁克非常明确地告诉我们，机会来自变化。很多人都不知道机会来自哪里，变化正是机会的来源。而很多人之所以不知道这个来源的原因就在于，一直在抵制变化，把变化当作是威胁。抵制变化，这是很多人的第一反应。可是当我们抵制变化的时候，实际上也把机会一起赶走了。

所以，不要抱怨没有机会。机会就在变化中，每个人也都处在变化当中，或者说，变化会从每个人身边走过。对于错失

机会的人，机会一定是被自己赶走的，并且是在无意识中赶走的。在这一点上，方法只有一个，就是把变化视为机会，而不是威胁。这个动作会帮助我们重新审视变化，会从机会的角度去看变化，就一定可以捕捉到属于自己的机会。

德鲁克一直认为意外是最好的机会，不论意外看起来是好事还是坏事，从机会的角度看意外，就能把意外变成好事，甚至更好。美国最受欢迎的运动赛事"超级碗"曾经遇到一次突然停电的情况，半个小时的时间，整个赛场一片漆黑，当所有人都在一片紧张的氛围当中时，有两个"奥"氏品牌马上用美式幽默的方式发出了两篇推文：一个是奥迪，开玩笑地说，如果有自己的车灯在就好了，一定可以照亮全场；另外一个是奥利奥，说停电了没关系，进不了球，可以张嘴进奥利奥。关键时刻，这两个品牌竟然成了化解尴尬和危机的"救火英雄"。整个停电时间竟然也成了它们的广告时间，并且看起来好像是为它们的产品量身打造的一样，精准匹配。结果推文迅速得到海量转发，两个品牌也成了这次"超级碗"最大的广告受益者。

"超级碗"是美国收视率最高的直播赛事，广告费更是天价，但是这两个品牌却用几乎零成本成为最大的广告赢家。原因正在于，当很多人都是郁闷甚至是抱怨的时候，自己从机会的角度去看变化。这种眼光就值"天价"。换句话说，我们要创造这种价值"天价"的价值，并不是零成本，机会的馅饼不会从天而降到我们头上，而是需要我们付出一样东西，就是"用机会去看变化"的眼光，而不是把变化当威胁来看，把变化当作威胁，代价一定更大，因为会错失良机。

◆ 要避免讨论机会不够

第二个需要纠正的错误动作是，用在讨论机会上的时间不够。管理层会议更多的是讨论解决问题而不是讨论机会，这是很多企业犯的错误。在这一点上，可以审视一下自己企业的内部管理层会议，是讨论企业内部的诸多问题用的时间多，还是讨论机会用的时间多。明智的管理层会先讨论机会，除非极为重大的内部管理问题需要立即解决，应该把更多精力留给机会的讨论。因此，不是只从机会的角度去看变化就够了，还得真正花时间去看，尤其是当管理层在一起集合智慧的时候，千万不要大材小用，浪费大家的智慧和宝贵精力，务必要先讨论机会，再讨论问题解决。这才是正确的逻辑和动作。一些企业把内部问题都解决得很好，只能说损失和内耗少，但是未必价值创造大，因为机会不够。

◆ 充分利用人才，要让优秀的人有机会展现价值

第三个需要纠正的错误动作是，优秀的人才都没把精力放在机会上。我们对于人才的最大浪费在于，让优秀的人才去处

理各种日常事务，不断地在解决问题，忙得团团转，最终，优秀的人没有发挥出真正的价值。因此，必须把真正优秀的人才从日常事务当中解脱出来，放在最重要的事情上，也就是真正的机会上。

所以，人才到底能不能创造价值，关键还是要看企业有没有把人才放在机会上，有没有给人才真正发挥和创造价值的机会，如果没有，一定是对人才的巨大浪费。反过来我们也会知道为什么企业一定要努力去寻找机会了，不然的话，英雄就没有用武之地了。今天，很多企业喜欢花大价钱储备人才，当然，这没有错，但是反过来说，人才到底是不是真的值那么多钱，还是得看是企业有没有挖掘出机会来，如果没有，只是为了储备而储备反而会造成巨大的浪费。在很多企业当中，之所以人才陷入各种日常事务中不能自拔，很重要的原因就在于，企业的机会不够，于是人才只能沦落到不停地解决问题上。因此，前提还是要去寻找机会，回到变化当中，那里正是机会的来源。

德鲁克也给了让人才回归机会的操作模式，操作原理正是战略性人力资源管理，让人力资源与战略匹配起来。当中最为重要的动作要领在于，人力资源部门不是一个独立的部门，不是从人力资源本身出发的，而是从公司战略发展的角度出发的，人力资源必须与公司发展相匹配，才能释放人力资源的价值。因此，从这个角度，如果一个企业还只是把人力资源工作认为是招聘和培训就一定是对这项工作的误解，人力资源工作不是一项独立的工作，是公司级层面的工作，因为要和战略相匹配。

对于机会和人才，这意味着两者要匹配，要保证优秀的人才一定是在机会上，保证重要的机会一定是由优秀的人才在做。德鲁克也给出了具体的动作模式，这是高层管理团队要做出的动作。每位高层管理者都列出两份清单：一份是企业的所有机会，另一份是业绩最好的人才，然后汇集起来，这样所有的机会和优秀人才就都在眼前了，这个时候再讨论最佳机会以及每个最佳机会由谁来做，就做到机会与人才匹配了。德鲁克建议这个动作每半年要重新再做一次。因此，要做动态的匹配，因为机会是在不断变化的，人也是在不断成长的。

这个动作是德鲁克从日本企业和政府身上学习到的，因为集中精力于这样的人才工作，才建立起企业的优势。想想看也的确如此，当年戴明如果没有去日本只是留在美国，他的价值也许就被埋没了，正是因为日本政府邀请戴明来给战后虚弱的日本企业讲授如何持续改善品质，才成就了日本企业和经济的崛起。

不是埋没人才，而是让人才真正发挥出价值，这才是管理人力资源的主要任务，同样是不要先陷入内部问题的解决上；否则，不论解决再多问题都弥补不了人才浪费的损失，弥补不了机会的价值创造。

你的企业，会不会用人呢？

05　让人和人在一起工作更有效率，
而不是更低效

除了要能把要事找出来，高效让人把事情做好之外，高效能管理者的第三个大的动作是让人和人在一起高效工作。这当中又包含了两个动作：一是开会，这是人和人在一起的工作方式，必须高效；二是话术训练，要学会说"我们"，这里不是推卸责任，而是要学会在意集体利益，这样的语言习惯将影响行为习惯。

◆ 提升会议的有效性

在会议上，我们首先要重新认识和定义会议。尽管在很多人看来工作中的会议已经很多了，但事实上，会议比我们想象得还要多。在德鲁克看来，只要有两个人在对话，就是会议了。如此来看，除了少部分专注于研究的工作人员外，多数人有很多精力都在会议上。也因此，才要求这每一分钟的精力都富有成效，否则，就是无效的会议，就是在浪费精力。对于管理者来说，开会这个动作只有两种结果，要么是浪费时间，要么是卓有成效，高效管理者必须让会议卓有成效。

当中有四个关键动作要领：第一个是工作，这是所有会议的要求，会议是为工作开展的，不说闲话。第二个是权变，也就是不同的会议要有不同的开法。第三个是专注，所有的会议不能偏离主题，只做主题内的事情。比如，公司开会宣布组织变革，就只宣布这个话题的内容；对于听取成员汇报的会议，只限于关注报告的内容。第四个是散会，一定要在完成会议目标后立即结束会议，不要再继续讨论其他话题，做完总结马上散会。这就是会议必须要遵守的约束性，不是随便谈话和讨论。否则，会议就会乱，变成谁都不期望的会议结果：浪费时间。

会议的灵活性就在于，不同的会议的确是有不同的开法，所以，要先判断是什么样的会议。因此，会议准备这个动作就变得非常重要，换言之，任何有效的会议也都是有一定的套路的。

如果开会讨论是为了筹备新闻发布会或者公司声明，这样的会议要富有成效，必须有两个动作细节：一是会前必须有草稿，必须要有人准备好；二是结束会议时必须要有定稿，必须提前安排好由谁来把定稿呈现出来。

对于管理者尤其是高层管理者来说，很多的会议是在听取工作汇报。这又有两种情况：一种是听取一个人的单独汇报，另一种是多个成员的工作汇报。这两种会也有不同的动作要领。

听一个人的单独汇报，可以讨论，但是只讨论报告之内的事情。对于多个人的汇报，在开会上有三种动作模式：一是不讨论，只汇报。二是可以讨论，但这种讨论只是对于报告内容的澄清。这一点极为重要，这是很多汇报会最终无效变成浪费时间的关键原因，大家讨论的不是报告内容的澄清，反而变成无休止的争论甚至批判了。三是逐一讨论每个报告，每个人汇报完之后都留出一个简单讨论的时间，所有人都可以提问，但是必须要有一个前提动作，在开会之前提前把报告内容发给所有参会人员。缺失这个前提动作正是很多报告会无法取得成效的原因，因为现场时间非常短，如果没有这个准备，就会陷入一些很初级和意义不大的讨论，而这些讨论本该是事先就可以了解清楚的。每个报告必须限定好时间，德鲁克建议在一刻钟。如果我们掌握了其中的动作要领，就会发现这宝贵的一刻钟可以做很多事情；相反，如果不能把握这些动作要领，非但觉得这一刻钟很不够用，而且也会浪费掉这一刻钟本该可以呈现的价值。

对于要召开这个会的管理者来说，也有自己的动作要领：一是要认真听，你请大家来开会，你必须要认真听，在这个基础上再来提问，最后还要做出总结。二是千万要注意，不要自己发表演讲，这是汇报会，不要变成个人演讲，这反而是很多管理者容易犯的错误。自己本来是听众，结果自己却滔滔不绝，并且越说越远，话题一个接一个地涌现出来，看起来好像是非常善于临场发挥和善于表达，但是自己的擅自发挥已经搅乱了会场。一旦管理者做出了无效的会议动作，会议就变成了浪费时间。

最后是管理者有可能会接触到的一种特别情况，即会客，并且对工作而言意义又非常有限，只是作为高阶人员有时候不得不去自己面临到访。这个时候一定要注意，只是见面而已，不要让会客占用工作时间，可以限定在早餐或者晚餐，但是不能让工作时间受到干扰。

总之，高效管理者始终在保护自己和他人的工作时间，让工作保有充沛的精力，并且又让每一分钟都卓有成效，而不是浪费，试问，自己能做到这一点吗？

◆ 人和人在一起工作要有更强的整体意识

最后一个动作，是德鲁克对所有动作的拔高。高效能管理者要做出三大动作，这三大动作又可以拆解为八个动作，当然如同上文所示，每个动作还可以继续拆解。第一个大动作是，要找出最重要的事情来，当中包括两个动作：要事第一，以及不做损害企业利益的事情。第二个大动作是，要高效地让人把事情做好，当中包括四个动作，即计划、传达、求知以及寻找机会。第三个大动作是，让人和人在一起高效工作，当中又包含两个动作：一个是要会开会，另外一个就是这最后一个动作，要有"我们"的语境，而不是只想着自己。

要非常清晰，在企业当中，用"我"这个词的时候，代表的是"责任"；用"我们"这个词的时候，代表的是"利益"。因此，"我们"和"我"这个语境代表的是这样的动作：在意集体利益，又敢于个人负责。如果真为了集体利益，甚至在自己的职责之外出现了没人负责的时候自己都能挺身而出，因为没有集体利益的保证，最后谁的利益都得不到保障。

相反，很多企业不能让一个组织有效工作，不能发挥组织整体的效率，原因就在于把这两个词弄反了。在应该用"我"的时候用了"我们"，这个时候就找不到负责人了，这也是出现推卸责任这种情况的原因。在应该用"我们"的时候却用了"我"，这个时候个人利益凌驾于组织利益之上，这时候就会发现，再聪明的个人在组织当中都没有什么能耐，这个人的聪明才智就是发挥不出来，因为总是从自己的角度去考虑问题，不把组织的需要放在前面，这个时候就得不到组织的信任和支持，无法感受到伙伴们的协同之力，于是，再聪明的人都变得没有能耐。更可怕的结果是，组织内部为了私利一片纷争，所有的聪明人在一起却没有任何效率。因此，只在意个人利益，又不敢承担责任，这是对个人和组织而言危害最大的动作。不是没有个人利益，只是出发点是对组织整体的价值贡献。一个人带给整体的价值越大，这个人的价值就越大。

这就是组织效率的逻辑，一个高效能的管理者最后如果真的要让组织富有效能，很关键的是训练好大家的语境，该用

"我"的时候用"我"，该用"我们"的时候用"我们"，这会直接决定大家的动作模式，这个时候每个人才能真正承担责任，并且得到组织的赋能，相互协同，进而收获人和组织的效率，让"我"和"我们"都好。

"我"就是一个人，"我们"就是组织。一个人的力量再大，都大不过一个组织；反过来说，那些在常人看来力量极大的人又都是非常善用组织的人。这就是组织的魅力，更是一个智者的魅力。

第3部分

创新能力的塑造

在德鲁克的所有管理动作体系当中，有两个最为核心的训练，或者说要求企业需要训练的两个重要成长驱动要素：一个是效率，另外一个就是创新。德鲁克把这两项训练称为美国这个国家在过去一百年产生繁荣的根本原因。

2004 年，在德鲁克先生晚年的时候，围绕着如何成为有效的管理者，95 岁高龄的德鲁克系统归纳了管理者的效率模式，也就是做出三大动作和八个具体的动作，这是从 1939 年《经济人的末日》算起，德鲁克先生 65 年的管理动作精华。对于另外一个成长要素创新，在美国经济迫切需要重新恢复繁荣的 20 世纪 80 年代，1985 年德鲁克系统归纳了管理者的创新模式。效率模式是德鲁克对从社会学切入研究企业之后 65 年的总结，而创新模式如同德鲁克自己所说，是他过去 30 年的研究发现，如果再进一步分析，之所以是 30 年，正是因为始于 1954 年的《管理的实践》，在这部著作中，他明确地提出，企业只有一个目的，就是创造顾客，这就是德鲁克认识创新的角度。在此基础上的 30 年，德鲁克围绕着"创新的训练"做文章，也就有了 1985 年德鲁克总结的创新的七项修炼，这些修炼正是创新的源泉。

德鲁克效率模式和创新模式的连接点或者桥梁正是"寻找机会"这个关键动作。寻找机会，指的就是创新，或者说，创新的工作就是去寻找机会。换言之，这七项修炼也正是机会或者企业商机的来源。今天我们常常谈创新和企业家精神，事实上，一个企业或者企业家是否真正具备创新精神，是可以度量的，关键看是否练就了拥有这七个招式的创新真功夫。因此，创新是可以学习的，只要我们认识到并敢于去进行这七项修炼，人人都可以训练有素。有了这些修炼，才能修得创新的正果。

01 从成功和失败中寻找机会

德鲁克始终认为，能够创新的人最与众不同的地方在于，总是把变化当作机会，而不是威胁。而在变化当中，最让人们忽视和畏惧的正是一些意想不到的事情，尤其是意想不到的成功和失败。对于意外的成功，多数人是沉浸在其中或者是去赞赏成功，但是创新者则会迅速回到自己身上，去敏锐地审查意外的成功对于自己来说意味着什么，自己能否从中把握机会。如果只是遥望成功，自己不有所作为，成功只能遥遥无期。对于意外的失败，当多数人只是忽视、排斥、寻找理由解脱甚至是自己惧怕和小看别人的时候，创新者不会把失败丢在一边，同样是去寻找当中是否有机会。总之，不论是意外的好事还是坏事，创新者总能往好的方向去想去做，最终创造出好结果。

◆ 关注成功者，从中洞察商机

20 世纪 30 年代 IBM 原本要为银行设计财务运算机器，但是在设计出来机器的时候才发现，真正有钱的并不是银行。意外的发现是，美国在大萧条当中用户人数暴增的竟然是图书馆，政府在大萧条当中也舍得花钱鼓励人们去学习，因此，图书馆获得了意外的成功，反而不是银行。这时候 IBM 迅速捕捉商机，把原本要卖给银行的机器卖给了图书馆。事实上，如果没有发现这个机会，再加上当时的银行并不景气，不愿意买 IBM 的机器，这个产品就已经滞销了。对于今天正在为产品搜索场景的诸多企业来说，这个经典案例无疑是典范。

如果再做进一步研究，有意思的是，到 20 世纪中期，又有一个让人想象不到的重大成功出现了，也就是真正意义上的计算机出现了。可惜的是，这种现代化计算机技术的发明者 Univac 公司并没有发现其中的商机，甚至对商业应用不屑一顾。这时，IBM 迅速捕捉到其中的机会，这种计算机的强大处理功能将在商业领域当中大有可为，于是，IBM 在这种计算机技术的基础上又进一步开展了应用研究，比如加入财务核算的应用场景，IBM 开始正式进入商用计算机领域，用五年时间就坐稳了商用计算机的头把交椅。这正是 IBM 商用计算机的创新缘起。

更有意思的是，20 世纪 70 年代末，年轻乔布斯的第一台苹果个人计算机同样是让人眼前一亮，紧接着，财大气粗的 IBM 在 80 年代初期也迅速切入个人计算机领域，并且集合了微软、英特尔这样的精英企业，从而一起牢牢抓住了个人计算机市场这一重大机会。

所以，机会就在成功那里，我们离得远吗？

◆ 善于从失败当中学习，让失败变成机会

在对待失败上，很多人最习惯的动作就是"解释"，给出各种各样的理由来解释为什么没有成功，为什么没有达到预期，进而说明，这是一场意外。也许，的确是一场意外，但是，创新者不会这样来对待这场意外，不是给这次失败找理由，创新者只有一个动机：从中找到机会。否则，围绕失败展开的任何讨论都没有意义。

汽车行业是德鲁克管理理论最早的案例来源，也是因为这个行业率先诞生出一批有竞争力的企业。20世纪初期，福特公司凭借流水线的高效率生产了爆款 T 型车，促进汽车取代马车，拉动了汽车行业的兴起，随即 20 世纪 20 年代通用汽车公司凭借组织分权的管理模式释放了组织的效率，进而把奉行个人集权主义的福特汽车公司甩在身后，20 世纪 40 年代，德鲁克总结了其中的分权模式，出版了《公司的概念》，这时候亨利·福特的孙子开始学习这套模式又重新带动福特公司崛起，因此，到 20 世纪 50 年代，两家企业又重新回到了对峙的局面。此时，福特公司想继续拿出一匹产品"黑马"出来，于是就有了一款野心之作——福特 Edsel，经过市场调研人们也很喜欢，结果却惨遭失败。

福特公司发展历史上有两款汽车成为商学院和商界的重要

案例：一个是黑色 T 型车，这是爆款，几乎是一个产品撬动了一个行业的产生；另外一个是 Edsel，这是一个失败品，而外界至今都对这个产品抱以两个态度，要么是"冷嘲热讽"，觉得这个动作很可笑，花了巨大成本最终却一事无成，成了笑柄，要么是不停地分析为什么失败，并且到今天为止还有很多研究是停留在失败的分析总结上面。

德鲁克则看到的是福特公司的创新动作。这对福特来说的确是意外的失败，公司也没想到做了市场调研之后竟然没人买，但是，福特从中看到的机会是"生活方式"，做企业不再是做产品本身，不是用收入去区分人群，而是去看顾客的生活方式，是尊重个性。做企业也不是和对手较劲，关键不是对手，不是我的产品比对手的更好就可以了，最重要的是顾客，产品能不能契合顾客的生活方式。

如果我们仔细去研究就会发现，福特这家公司是有重要的产品基因的，并且重点关注的是收入，所以黑色 T 型车的出现就是明确不做别的颜色和款式，我做的你就得买，并且价格就是最终要定得比马车价格低，由此，这样的产品在那个汽车稀缺、汽车行业尚未成型的阶段让福特公司大获全胜。而到 Edsel 的时候，尽管品质更好，价格更贵，但是这家公司的基因习惯并没有改变，依然是从自我的产品出发。本以为会像以前一样继续取得巨大成功，结果恰恰相反，但这却为福特敲响警钟。

福特公司开始发现真正的机会是生活方式，不再是产品，于是才有了后面的成功动作，20 世纪 60 年代推出福特野马，这种产品代表着当时美国新一代年轻人的生活方式，崇尚自由甚至个性张扬、有些叛逆，因为产品匹配了战后"婴儿潮"一代的生活方式，从而让福特公司获得成功。当然，这时候外界又开始夸赞福特公司的眼光，会把握好的时机，因为这个时候战后最早"婴儿潮"一代的大量年轻人已经长大，开始有购买能力。实质上，这还只是表面现象，福特公司对于机会本质的发现正是源于自己的失败经历，但不是总结失败的理由，而是从中看到了生活方式的机会本质。

因此，很多人在福特 Edsel 中看到的是"失败"这个词，而德鲁克和福特在这个产品上看到的却是一匹"野马"，是下一个成功的机会。

不是解释失败，而是从失败中寻找机会，这是德鲁克反复强调的一点。这一点至关重要，因为就蕴藏在企业的日常经营当中，很不容易发现，最有代表性的就是业绩汇报会。在业绩汇报上，不论是月度、季度还是年度，大家通常的习惯是先总结业绩，对于做得不好的地方给予各种各样的解释，这种做法占用了很长的时间，但是并没有新的意义，最多只能防止错误继续发生，让绩效不再恶化。

真正需要花时间的动作是，从这次做得不好的当中，看到的机会是什么。所以，对于做得好不好，是不是失败，重要的不是给定论，也不是检讨认错或者承担责任就够了，关键是能不能立功，立下新的功劳，而不是停留在过去的遗憾上。因此，一边是问题，一边是机会，很多企业面对失败只能解决问题，而真正优秀的企业不仅能解决问题，还能发现新机会。这也正是优秀企业可以领先的原因，因为有创新的修炼。

事实上，这样的案例很多，很多企业以为失败了解决问题就可以了，但是失败还可以变得更有价值，当中的途径就是通过创新。

不论是黏合核心技术还是今天无所不在的应用场景，3M 是当之无愧的创新企业代表，但这不代表 3M 没有失败，只是 3M 同样会从失败中发现机会做出创新，从而让失败变得更有价值，最有代表性的就是口罩。这个产品匹配了工人的健康需要，让 3M 有了美国工会的大客户，可是，口罩的前身其实是胸罩，3M 做胸罩没有做成，但是 3M 没有就此罢休，而是继续寻找机会，成就人们的健康需要，更大化地释放了 3M 核心材料的价值。

事实上，3M 不论成败都是如此，对于机会的追逐从来没有放弃。从创业开始的矿砂到砂纸，拓展了矿山材料的价值空间，从砂纸到贴纸黏合技术，机会和创新又进一步拓展到汽车工业的配套领域，大获成功后黏合技术又拓展到渴求产品保鲜的生活领域，由此，机会和创新又从商用拓展到家用，空间越来越大，又是逐步实现。由此，看起来 3M 今天创新无处不在，背后正是一步步的创新历练，不论成败与否，创新从未止步。把这个动作连续做下去，就可以做到持续创新，企业就会一直保有成长空间。

这也正是回答了韦尔奇的经典问题：下一个机会在哪里？

02　攻克难题本身就是机会

创新的第二个机会来自现况与期望的不一致。当现在的情况达不到期望的情况时，找到当中的关键差距，填补上，就是创新。当中有两种填补方式：一种是技术上的填补，因为差距是技术，所以要进行技术上的创新；另一种是观念上的落后，并不是技术本身不足，而是没有意识到，当有了意识上的调整时，同样可以实现所期望的情况。

◆ 技术创新：用技术攻克难题

在技术创新上，德鲁克选择了爱尔康的经典案例予以说明。这家眼科医疗企业之所以可以在 20 世纪中期快速成长起来正是因为抓住了一个重要的机会，现实的技术落伍，达不到医疗期望的水平。在治疗白内障上，通常采用传统手术疗法，称为传统手术，是因为要在韧带上做切除的动作，相比一些已经可以走出传统手术治疗的其他医学技术，这种切除手术疗法还是停留在过去的水平上，不论是医生还是病人也都期望有更好的方法治疗，比如可以通过药物来溶解韧带，而不是用手术的方式去切除。这种理想和现实之间的差距，就是创新的机会所在。

而要把握住这样的机会，还需要进一步分析真正的差距在哪里。事实上，医生们早就清楚有一种酶是可以溶解韧带的，但是却依然没有采用，再探究原因，这时才找到了症结所在，因为这种酶的存活时间很短，没有办法真正纳入临床实践，只能从理论上说是可以去溶解，但是行不通。这才是关键差距，爱尔康公司研发了这种酶的保护剂，可以延长其活力，这个技术上的突破让现有的酶的技术得到了价值释放，实现了医生和病人的期望，在市场上大受欢迎，也因此，爱尔康开始在眼科医疗领域占据一席之地。

这就是技术上的创新，根据德鲁克对于创造顾客的创新认知，关键在于，我们在技术上的进步有没有创造出顾客，不仅是技术本身的进步。而要让技术创新成为可以创造顾客的真实创新，背后的底层逻辑正是在于，要找到现况与期望不一致的关键差距，不仅是看到差距，很多人都可以感受到差距，关键是找到突破差距的技术路线。很多企业不太会画技术路线，爱尔康的技术路线就非常清晰，从突破酶的生命力的基础研究到酶的临床应用，从而真正实现了技术创新的价值。

◆ 观念创新：用思维的创造力攻克难题

观念创新看似是个很模糊的概念，实则不然，判断观念是不是创新，同样是看成果，看观念有没有转换成为真实的产品和绩效。换句话说，创新不见得非得依靠技术，不一定完全是高科技，很多时候，我们要从零开始攻关一项技术很难，但是当我们可以在观念上做出创新的时候，现有技术同样可以发挥出重大价值，这种价值之所以被埋没，只是因为没有打开观念，没有解放思想，束缚了技术的价值空间。当然，这个时候，最值钱的就是观念创新了，因为既有的技术就在那里，甚至是陈旧的技术，但是，创新者会因为灵活的观念创造出巨大的成果。

当然，前提还是要回到找对现况与期望不一致的真正差距上来。集装箱的出现正是典型案例。在集装箱出现之前，航运业一直都在努力提升航运效率，方法是通过提速和省油，虽然速度不断提升，燃料也不断节约，整个行业在提升速度和降低燃料成本上下了很大的功夫，可是依然是不太赚钱，最后，竟然是集装箱解决了航运效率的关键问题。

本想通过提速和省油来大幅提升效率，结果还是事与愿违，现况和真正想要的结果仍然不一致。原因正是在于，对于航运业来说，最大的成本浪费不是在开船的时候，而是在停船的时候，这时的装载、卸货等物流动作才是最大的效率浪费，而突破这个浪费的关键工具就是集装箱。更有意思的是，集装箱并非是革命性的技术创新，火车和卡车早就在用了，甚至卡车去掉轮子就是集装箱了。

卡车去掉轮子就是集装箱，就是这样看似简单的一个想象力上的突破，却带来了产业巨变，20 世纪中期以后，集装箱带动航运业高速增长起来。集装箱创造了航运效率，造集装箱就是创造顾客价值，这就是有价值的创新。

这时，再一次想想看，卡车去掉轮子是什么？在这之前我们还真不一定能够想象出来。

所以，这的确可以看作是一个让人意想不到的成功，而改革开放后的一家中国企业也迅速从这种意外成功中捕捉到机会，这家企业就是位于深圳的中国国际海运集装箱集团（以下简称中集集团）。搭载着集装箱的成功和改革开放的春风，20 世纪80 年代初期，与"时间就是金钱，效率就是生命"的深圳效率模式同步，中集集团创立并开始专注生产集装箱，不过十年之后，到了 90 年代初期，并没有达到中集集团预期的效果，这时候，现况和理想之间又出现了差距。原本以为企业可以做得很大，但规模还是很小。

再进一步分析，原来真正的原因在于，这个行业的分散度很高，道理也很简单，因为码头很分散，都是各自做各自的，也因此，很难诞生出一个超大型企业出来，这正是行业的分布特征，分散度很高。找到了真正的原因之后就可以填补差距了，进行对症下药，产业集中度是个战略问题，于是，中集集团从20世纪90年代初期开始布局新的战略，整合全国码头的生产资源。这种思维本身就是"集装箱"的集装效率思维，正是因为集装，才提升了航运效率。

而这个动作当中的隐形"绝招"在于，码头是极为有价值的资源，对于集装箱有特别意义，因为可以大大节约运输成本，更重要的一点在于，码头是稀缺的有限资源。于是，中集集团的这个动作也诠释了经典的商业概念，说明了什么是有竞争优势的资源和核心能力，有价值和稀缺的资源才能带来持续竞争优势，而能够聚焦自己的业务领域并迅速去捕捉这种资源来供给业务，这种能力就构成了核心能力，或者称为核心竞争力。

由此，中集集团在20世纪90年代开始通过自建或者并购的方式整合全国的码头资源，进而在这个分散度相对较高的行业当中异军突起，到90年代中期就成为集装箱销量全球第一的企业，率先成为在一个巨大行业里面中国企业真正意义的世界第一。而操盘这个战略动作的正是被称为"工业企业家"的麦伯良，这个很特别的称谓值得去思考，因为作为工程师，他有着华南理工大学正统的工科背景，而作为首席执行官，他又用创新的实际行动展现出了真正的企业家精神。

03 伴随用户使用需求不断升级

除了从意想不到的成功和失败中寻找重要机会、从现实和理想的关键差距中去创新机会之外，机会还蕴含在用户的使用过程当中，因此，要在意过程中的需求细节，这也是创新的来源。

在这一点上，实用发明就是最好的例子。要保证汽车在行驶的过程中驾驶安全，驾驶员需要眼观六路，于是就有了汽车的反光镜。开车的交通过程如此，打电话的通信过程也是如此。一百年前美国电话电报公司 AT&T 之所以用自动转接取代人工转接，就是因为再庞大的人工群体都无法满足用户的海量通信需求。

事实上，电话和通信企业的发展简史正是一部典型的基于过程需求的创新史。大约一个半世纪之前，电话的发明人贝尔创立了贝尔电话公司，随后因为长途通信的用户需求，进而有了电话电报公司 AT&T，因为需求的继续增加，进而有了自动转接，而不仅依靠人力进行，这是前半个世纪的变化。

为了更好地应对用户的需求，需要做出更好的创新发明，20 世纪 20 年代起 AT&T 着手打造贝尔实验室，致力于让研发更上一个台阶，并且在 40 年代的"二战"时期，开发了战地需求的大型移动电话，这就是手机的概念雏形。此后，以摩托罗拉、诺基亚为代表的一代通信企业借助传呼机和手机让电报和移动电话现代化、可携带，并且走进了千家万户，而以苹果、华为为代表的新一代通信企业则在移动互联和数字化时代让智能手机真正成为嵌入终端用户的生活方式，不仅是可携带，而是可以集成携带，不论在哪里，不需要什么都带，几乎"一机在手"就可以了。因此，通信商不再仅仅是通信商，而是集成商，而真正的通信集成商也不会仅仅是技术系统集成商，而是贸易集成商，这会是隐形的底层逻辑，也是通信商的核心能力所在。

而此时，更厉害的地方在于，当手机可以真正嵌入用户的生活方式时，功能就不仅是可以满足用户需求，而是可以引导用户需求，因为形影不离就可以沉淀一切习惯，而在茫茫的互联时代，这个工具反而成为人们的生活向导。这正是从 1G、2G，尤其是从超越通话本身的多彩媒体生活 3G 开始，诸多新技术企业不断去攀登一代又一代高峰的原因。因为这是生活方式的引领，谁站在制高点上，或者谁可以突破下一个制高点，谁就可以改变世界，改变人类的生存方式。也因此，今天世界贸易往来的底层架构已经变成了通信，这正是今天贸易的纷争点并不是贸易本身而是落脚在通信上的原因。

这就是用户需求的商机，可想而知，当中蕴含的商机到底有多大。所以，商机无限并不是一句空话，关键是我们能不能走进甚至嵌入用户的生活过程，融为一体。

04　重新定义或创造一个新的行业

所谓行有行规，在很多人看来，行业的游戏规则是固定的，是自己无力改变的。当然要遵守游戏规则，但是，在德鲁克来看，这些规则又不是死规定，并不是天生就是这样，也是变来的。改变这些规则的，正是创新者，而行业规则到底是否可以改变，又取决于一个背后的根本力量，即能不能洞悉行业的变化趋势。如果能够把握行业变化趋势，顺势而为，就可以定义游戏规则。

20 世纪 50 年代，面对未来的老龄化，处在盛世时期的通用汽车公司在美国率先成立了第一个退休基金会，悄然引爆了美国的金融革命，德鲁克用"看不见的革命"来形容这场悄然发生的变化，退休基金会将成为新的资本聚集地，其必须得到有效运营，才能在未来服务好基金会的社会功能。这也正是社会学者出身的德鲁克身上的独特视角，盈利是创立企业的经济职责，但是一切资本最终要服务社会。20 世纪 60 年代初期，借着这个主题，在德鲁克的创业训练营里面，威廉·唐纳森等年轻的 MBA 毕业生也看见了这一不容易看见的变化，开始启动创业，成立了帝杰证券公司，用于服务这些新兴的退休基金会，并且随着这些基金会的兴起也名声大振。

为了保证持续经营，德鲁克建议公司要有长期稳健的财务，所以这家公司选择上市，可是按照当时的游戏规则，纽约证券交易所不准许证券公司上市。但是最后纽约证券交易所的行业大佬们还是向这个初出茅庐的新秀低头，原因就在于这家公司定义了新的游戏规则，服务了未来的金融趋势，证券交易所担心未来会有大量基金会绕过交易所直接到这家公司这里，于是，20 世纪 70 年代初期，这家公司破天荒成了第一家在纽约证券交易所上市的证券公司，这家公司后以天价售出。唐纳森说是德鲁克教会了他做生意，启发他不断思考谁不是自己的顾客，谁是自己的顾客。谁能创造顾客，谁就能掌握游戏规则，这也正是德鲁克定义的企业本质。受益于管理的学习，唐纳森也回到母校耶鲁大学参与创办了管理学院并担任创始院长。90 年代唐纳森开始担任纽约证券交易所董事长兼首席执行官，进入 21 世纪后，他被美国总统任命为美国证券交易委员会主席。

除此之外，太阳马戏团也是经典案例，其重新定义了马戏行业的游戏规则，高价的动物模式已经是过去式，未来在于"戏"是否精彩，太阳马戏团把精力重点放在好戏的内容开发上，在传统的马戏路数走向穷途末路的时候异军突起，重新振兴了行业。活在旧的游戏规则里面的"大佬"玲玲马戏团拿这家新秀没有任何办法，最终，这家百年马戏团和旧的游戏规则一起被淘汰。由此，太阳马戏团也成为价值创新的代表性案例，因为创新让产业价值得到了重新的绽放。

当然，游戏规则不是说改就能改的，关键是我们有没有把握到行业变化的趋势，这是定义规则的底气。换句话说，如果不能真正理解行业，不能吃透行业的本质和看透变化，也不要随便去动规则，还是先按规则行事为好。

05　为下一个趋势提早做准备

20 世纪 50 年代到 80 年代，是德鲁克研究创新的重要素材来源时期，而之所以德鲁克在 80 年代把如何进行创新呈现出来，也是因为在过去这段时间日本经济的崛起对于美国造成巨大冲击，美国需要借助创新重塑增长。因此，过去 30 年日本的崛起本身就是德鲁克的重要研究素材，除了众所周知的汽车领域和电子领域，更让人意想不到的是，日本在面向未来的机器人领域也占据世界领先，这连一向擅长想象未来的美国都没有做到。如果说日本在汽车、电子产品这些成熟领域异军突起是因为几十年的持续耕耘和品质改善，那么其在机器人领域的领先则来源于对人类变化趋势的未雨绸缪，对于可能出现的问题，没有坐以待毙，而是真正采取行动，从而在现实当中完成了对于未来的创新。

在这一点上，德鲁克非常感叹，20 世纪 50 年代，随着战后的"婴儿潮"和教育事业的蓬勃发展，这已经是众所周知的事情，谁都知道未来社会将面对老龄化的问题，谁都知道未来蓝领工人数量会下降、会供不应求，可是只有日本真正对这个问题采取了有效的行动，这就是日本选择做机器人并且保持领先的原因。

如果我们进一步去研究，就会发现日本可以做成机器人还有着更为深刻的文化铺垫。日本一直在努力让人们接受机器人这个生命，机器人和万物一样，也是拥有生命的生命体，是可以与人共生，并且可以成为人的朋友，让人爱上机器人，而不是一台冷冰冰的机器。

而传播文化的重要载体正是经典的文字和现代化的影像。所以，从 20 世纪 50 年代开始，《铁臂阿童木》的书刊和影视陆续登场，70 年代开始，《机器猫》又开始走进更多人的视野。最巧妙的地方在于，当中的核心"人物"阿童木和机器猫虽然都是机器人，但是与美国塑造的未来巨无霸式的重型机器人不同，这些机器人的人物形象更加可爱、更加卡通，是和人的生活形影不离的好朋友，人见人爱，甚至让人忘了他们是机器人，已经和人一样，融合在一起生活。这个底层文化逻辑上的创新动作为日本人可以接受和创造机器人打下了深厚的基础。事实上，一个地区机器人发展的快慢，在很大程度上正是取决于这样的文化根源。

我们有没有为应对人口的变化埋下一颗创新的种子呢？

人口发展一定会带来最真实的问题，并且在人口发展上没有什么隐蔽的信息，如同德鲁克所说，这些往往是公开的信息，是众所周知的事情，但也正是如此，我们反而不太珍惜这样的信息，只是等待人口变化的发生，事实上，创新的机会就蕴含在里面，前提是我们愿意去采取积极的行动。

因为人口变化是真实的客观存在，可以看得见、摸得着，就在我们身边，甚至就发生在我们自己身上，而当我们真正采取行动时又可以立竿见影，所以，德鲁克把人口变化带来的机会称作最低风险和最高收益的机会。

在德鲁克看来，很多人之所以不愿意去提前应对还有另外一个重要原因：以为人口变化会来得很慢。事实上，真实的变化一定更快，而当真实的变化来临的时候才去采取行动，已经错过了最佳时机。

这在今天看来就更有意思了。今天再有人谈论"80后""90后"的概念就一定是在讨论过时的概念，可是这种过时的原因不是像很多人以为的那样，以为"80后""90后"早就已经长大了，而是因为时间轴已经变短了，不再是十年一代了。所以，讨论"00后""10后"，哪怕"20后""30后"都是落后的概念。今天的变化已经不是十年一代人，"60后"之前、"70后"包括部分"80后"可以这样来看，因为时代的变化相对较慢，所以可以近似十年一代人，60 年代出生的一代人生活方式和观念差不多，因为有近似的成长经历，70 年代也是同样的道理。但是从 80 年代开始就要开始细分了，因为时代变化更快了，尤其是改革开放的助推，让我们进步的速度越来越快，同样是在 80 年代，"85 前"和"85 后"的成长经历也许反差已经很大，已经相当于过去十年一代人的差别。同样的道理，"90 后""00 后"也许就要分得更细致了。

这意味着，真实的变化比我们想象得要快，我们以为十年后才发生的事情，也许五年、三年就到来了，甚至更快。我们以为我们服务的是"00 后"，其实也许只是提供了"95 后"甚至"90 后"的服务需求。这不是特定针对哪一代，每一代都是如此，所以同样，也不能用"00 后"的标准来服务"05 后"，甚至不能用"03 后"的标准来服务"05 后"。这才是未来已来的真正意思，这更要求我们深刻体认人口特征的变化，更重要的是，不是谈论，更不是指责每一代人的问题，而是从实际行动去解决问题，这时候，一定会做到有价值的创新。

1G、2G、3G、4G、5G……这一代又一代的"技术生命体"是否也有同样的道理呢？我们想要服务的那一代人群，也许已经在渴望下一代技术了。

唯有走在时代前沿，才是真正的与时俱进。

06　放下旧的东西，才能创出新的东西

德鲁克主张唯有"空杯心态"才能做出创新。"空杯心态"这个词今天大家都已经听得很多了，甚至成了习以为常的用语，这反而需要提醒我们来深刻理解。很多人都知道但是做不到，一定是因为对于"空杯心态"的认知还没有深刻触动自己真正去做到"空杯心态"。

◆ 不是已经成功一半了，而是距离成功还差一半

"空杯心态"，这个词的字面意思并不复杂，德鲁克用半杯水来形容，我们如何来描绘半杯水呢？是已经"有一半"水了还是仍然"差一半"水呢？

不同的语境实际上代表了不同的心态，也就由此会做出不同的行为，后者才是"空杯心态"。"空杯心态"不会满足于过去的成就，只关注接下来要发生什么，唯有腾出这个空间，才可以创新，否则更多的是守旧。医疗健康产业是最为典型的由"空杯心态"驱动不断创新的产业，即便医疗健康取得了再大的进步，人类距离长生不老总有空间，而因为有这个空间存在，

也就可以不断创新。

　　但是，对于"空杯心态"来说，最难的是个体的行为。一个产业可以持续创新，就像是医疗健康产业，但是不代表当中的每一个个体企业都可以做到这一点，更不代表每一个企业当中的个人可以做到这一点。不过，这不影响产业的进步，因为也总有个体可以做到创新。而这些做不到创新和做到创新的个体之间的差异，正在于是否拥有"空杯心态"。因此，"空杯"修炼是每一个个体的内在修炼，是个体的修为。

　　而在真正修炼时又会发现，"空杯心态"是一项非常独特的修炼，因为在创新上，反而取得成就的人会比较难做出创新。事实上，人天生是有"空杯心态"的，反而是因为成就的取得没有了"空杯心态"。所以，和其他的修炼相比，"空杯心态"是"倒叙"修炼的。一般的修炼是"童子功"，要从小开始练习，但是"空杯心态"是反过来练习的，越有成就、越年长越需要练习，反而小的时候不需要，因为本来就是"空杯"。因此，最难的时刻在于拥有成就的时刻，是满还是不满？这就是很多有成就的人总是讲要"放下"的原因，也是很多人"放不下"的原因。同样，如果不懂得这项修炼本质的年轻人总是学着那些成功人士讲"放下"反而会出现问题，"空"就是年轻人的天然优势，要认真把握，如果继续讲"放下"，反而浪费了创新的大量空间。

◆ 给创新一块 "空地"

深圳之所以选做改革开放的重要试点并且可以做到成功，就是因为其是个"空"城，可以从零做起，所以后面才有了深圳速度，而深圳旁边的大都会短时间内很难做到这一点。因此，如果我们从负面的角度去看"空城"这个词，比如惧怕、不喜欢、不习惯、不方便、怕吃苦、不愿意去，甚至嫌弃落后，就不是"空杯心态"，并且装了很多难以创造价值的负能量；相反，如果从积极阳光正向的角度去看，认为在这里可以大有作为，这就是"空杯心态"。这正是深圳这座城可以拔地而起的原因，当一群拥有"空杯心态"肯吃苦的人在一个天然是"空杯"的城市中从零开始创造时，就有了这座 40 年前不敢想象的豪华未来之城。

可是，挑战在于，今天这座城市已经成功，当中的诸多企业也成功了，当中的成功者更是不计其数，这个时候才是考验"空杯心态"的关键时刻。所以，几乎被外界认为是最成功的企业——华为首先就站出来说，华为没有成功，并且永远没有成功，只有成长，华为人永远是肯吃苦的奋斗者，以此来创造美好未来。如果连华为都没有成功，还有几个企业敢说自己成功呢？这就是"空杯心态"的修炼。

有了以华为为代表的表率，由诸多成功企业支撑的深圳就会拥有创新的希望，甚至这对中国改革开放 40 多年都是极为重要的正能量。这里没有丝毫夸张，因为 40 多年我们已经取得了重大成就，很多人和企业会沉浸在当中，也因此，今天继续取得成就的难度不亚于 40 多年前，因为很难"空杯"，而如果华为都可以"空杯"，的确没有几个有成就的个体可以自满了。

所以，"空城"是"天空之城"，有无限的空间和未来，但是，当中一层层的"天花板"需要我们自己不断去打开。永远不要自我封顶。自我封顶等于自我设障，最终还是需要自我克服。

事实上，我们中华文化是有这种优秀基因的，比如"满招损、谦受益"，这样的古训流传至今一定是有道理的，中国书法当中讲究"留白"、中华武术当中讲求"松空"，正是留出来的这个空当成就了书法的艺术之美，奠定了拳法的攻守之道。

今天很多优秀的资深企业很喜欢招收新人，因为新人"空"，资深企业就可以把资历经验和知识"放"给新人，新人不容易排斥。反过来说，一个经验十足的人如果想受到欢迎，唯一的办法就是放空。"放"是把经验放下，不是简单地丢掉，而是给那些非常需要经验和知识的年轻企业，所以，一些年轻企业反而很喜欢资深人士，这个逻辑是对的，因为年轻企业是"空"，资深人士来了可以"放"。与此同时，所谓放空，资深人士又要保持"空"，如果可以回到"新人"的状态，一定是到哪里都会受到欢迎，因为可以接受新事物，可以创造新未来。

事实上，不管是年轻人、年轻企业、资深人士、资深企业、年轻城市还是历史名城等，"空"一定是对的，有"空"，就可以包罗万象，拥抱一切变化。能够悟"空"，才可以创造出七十二变。

学习也是如此，收获最大的人一定是留给新知识空间最大的人。比如读一本新书，参加一次新的培训，如果是心里装着旧书去读一本新书，就很难收获新知，也不会得到这本新书的精髓，如果是心里满载旧知识去参加一场培训，不是接受而是用旧知识去冲击培训，一定是收获甚微。而这种习惯的延续会让自己与成功渐行渐远。相比未来的成功，过去的成功永远不算成功。

现在，请把成功或者创新想象成为一个人。要想与成功有约，必须给成功空间。向前走时，是背着身与包袱同行还是面向前方与创新同行？自己来约定。

07　重大创新依靠的是知识

最后但又是最重要的一项修炼是，练就创新的基础：知识。这是社会学出身的德鲁克用更为广阔的社会视角和时间轴得出来的判断，任何一种革命性的重大创新，一定是知识创新，而基于知识的创新又必定是经过长期的积累和酝酿。

◆ 在做某项创新时重视与该创新相关的知识

现代银行这个物种的创造就是典型案例，是综合多个社会、多代人的知识才进化生成的物种。

两百年前圣西门构想出了早期的银行知识，基于工业革命的工业经济社会要得到发展，必须依靠资本驱动，而这个资本的载体就是银行。随后，19 世纪 20 年代，这一知识的追随者佩雷尔兄弟在法国建立了一家现代银行，但是他们并不知道如何有效运作现代银行，不知道银行到底应该做什么，不应该做些什么。于是这家银行几乎成了万能模式，对筹得的钱在投资上毫无节制，过于冒进，尤其是在房地产上进行了过度投资，导致本该是流动的资本变得固化，变成了大量不动产，这就违背了银行流动资金的根本规律。最终在 19 世纪 60 年代的地产泡沫时期资不抵债，作为银行却没钱了，只能破产。

因为没有尽到真正银行的职责，名不副实，这家银行留下了不好的口碑，佩雷尔兄弟甚至被认为是骗钱的人。但是因此，人们更加知道了银行应该做什么，不应该做什么，银行的核心业务是信贷而不是投资不动产，以信贷来支撑工业发展，并且银行要财务稳健不能冒进，要有稳定的现金流。这时候银行才能有信誉，才不被认为是骗子，才能有生意可做，才能持续经营，才能真正实现贡献经济社会的职责。这才是真正有效的现代银行运行知识。可惜的是，佩雷尔兄弟的无知并不是因为没有这些知识存在，事实上，同时期隔海相望的英国银行业已经发展起来。无论如何，这次创业失败终究是因为无知。

与此同时，在 19 世纪 60 年代的美国，美国人约翰·皮尔庞特·摩根正式成立摩根银行，摩根学习了法国和英国银行的运行知识，不是无知地自我妄为，而是去伴随和支撑着随后兴起的美国钢铁产业公司、电气产业公司、汽车产业公司等，与这些企业一路共同成长，一起做出工业经济贡献，进而一起走过了百年历程，成为第一家有效运作的现代银行。这就是资本对于工业经济社会的价值贡献。更有意思的是，与佩雷尔兄弟在经济危机中的自身难保截然相反，摩根反而可以帮助美国经济危机和低潮当中的企业渡过难关，甚至是在战争中帮助解决财政危机，因此成为美国经济社会发展中不可或缺的重要人物。这种价值创造的差别就是知识。

这就是管理学家德鲁克拥有社会学视角的魅力，在大的历史和社会格局当中洞悉出重大创新的根本来源：知识。

我们是否真的敬畏知识呢？

无知者一定要有畏于知识，才能无畏创新。

如同佩雷尔兄弟的创业失败，德鲁克坦言，一定会有人创立企业失败，并且大多数企业都可能失败。在一个行业当中创立的企业会非常多，尤其是当一个行业因为创新的希望让人非常兴奋时，就像是最初一批创立银行的人对于圣西门描绘的银行价值创造的憧憬，会有大量企业出现，但现实是只有极少数可以成功活下来。各行各业都是如此。19 世纪末期美国电气产业兴起时，数千家企业如雨后春笋般涌现，但是 20 年后，只有 25 家还活着，20 世纪 20 年代美国汽车产业兴起时，出现了三五百家汽车公司，但是 40 年过后，只有 4 家还活着。就像是在银行业佩雷尔兄弟的银行没有活下来的原因一样，在各行各业当中，创业的企业很多，活下来和没活下的企业只有一个根本差别：知识。

事实上，在大多数汽车企业"丧命"的时候，创立或者说让这个产业兴起的福特公司都险些"丧命"。如果不是 20 世纪 40 年代创始人亨利·福特的孙子福特二世抓紧学习大型企业的管理模式，这家企业当时已经垮掉了。20 世纪的前 20 年，亨利·福特依靠标准化和流水线的生产效率知识大幅提升了汽车的品质并降低了汽车的价格，进而让汽车取代马车，迎来了汽车时代的到来，但是随后却增长乏力，被通用汽车反超，原因正是缺乏管理大型企业的知识。只是懂得生产效率的知识还不够，还要有组织效率的知识，这恰恰是通用汽车的知识创造。

对于这个知识的归纳正是德鲁克的第一项管理研究，即分权管理，生产效率再高，一个人的集权主义都无法释放组织的效率，组织都不会长大。亨利·福特过于自以为是，以为拥有生产效率就可以得天下，自己一个人独揽公司大权，甚至连他的儿子都沦为傀儡，儿子的壮年期都在父亲的晚年阴影下度过，没能培养起来，这也是为什么直到他的孙子才有机会出头撑起"二世"的原因。可事实上，因为亨利·福特的集权主义，公司已经几乎没有了高层人员，濒临死亡。幸运的是，也正是在这个时候，德鲁克把这项分权知识总结出来，而刚刚接手公司的福特二世立刻拿来学习，重新构建高层管理团队，才让福特公司死里逃生。因此，福特二世这次"二次创业"的成功，毫无疑问地归结为知识。

知识一定是创新创业的内核。一定会有创新创业失败，并且数量会极多，但失败者一定是因为无知，缺失知识。不过，也一定有活下来的，因为知识。但是数量会极少，或者不会太多，非常有限，因为真正有知识的人并不太多，不是因为没有知识存在，很多时候是因为我们缺乏对知识的敬畏而不去学习，导致自己没有知识。反过来说，知识会让企业再生。不论是几次创业，有知识在，就可以生生不息。

个体因知识才活下来。对于一个企业来说，知识就是生命，对于在企业或组织当中存活的人来说，又何尝不是呢？尊重知识，就是尊重生命。我们能否像热爱和敬畏生命一样对待知识呢？

◆ 知识创新：不同专业知识的协同创新

在上述"简史"当中，我们不要小看了"史"这个字，在这里用"历史"的视角不是把这个简史描述清楚就够了，甚至不仅是让我们知道知识是在这些企业历史进程当中的生死作用。除此之外，"史"字的特别意义在于，这是一个纵向的时间轴，这就提醒我们，用知识去创新，不论是知识还是创新本身，必须要做出一个基本动作，就是赋予时间，自己肯拿出时间来，给予时间酿造知识，给予时间学习知识，给予知识酝酿创新的时间。

所以，从泰勒、德鲁克以及福特、通用汽车开始，百年才"酿造"了管理学。我们有没有认真来品呢？如果没有这个付出，就得不到真知，修炼不到管理的精髓，就无法运用管理创新价值。任何知识的创新都是如此，包括研发创新在内，都必须要有纵向积累。这正是华为非常强大的地方，连年销售额10%以上的投入，外加本身就是巨额的收入基数，这个纵深的动作夯实了华为的创新根基。

但是，仅有这个纵深的动作还不够，这只能保证专业知识的深度。而创新最终必须是个综合体，是专业知识的综合体，在德鲁克看来，最典型的就是计算机，一台计算机一定是多项专业知识的综合。这就是在用知识创新上要练习的第二个动作：横向综合，或把自己的专业知识嵌入某个系统，或者某个系统可以协同多个专业知识。这同样又是华为的厉害之处，华为研发的强大还不仅是因为持久的纵深投入，更是因为集成开发，协同研发和营销的专业智慧，力出一孔，一起向着客户端发力，最终迸发出有效的创新。

这就是用知识创新的奥秘。如果读不懂这两个动作，就不会运用知识来创新，甚至是空有知识依然觉得没有用武之地，反过来又开始怀疑知识。事实上，知识必须嵌入系统，必须综合起来，才能获得效力。

这也是我们在认识管理学的时候为什么一定要认识一百年的历史，并且一定要全面认识当中的灵魂人物和核心概念的原因，没有这个纵向和横向的训练，也很难获得管理的真知、让管理变得真正有用。

第4部分
如何分权才能做大企业

德鲁克用创新和管理两大驱动力来表明企业和社会的进步原因，但是，创新和管理这些事情究竟是由谁来做呢？承载这些活动的正是两个字：组织。这也是德鲁克从社会学切入管理学的逻辑，也是德鲁克管理研究的起点。

很多人都以为德鲁克是在管理学领域，这当然没有错，并且德鲁克是管理学的重要奠基人，但是，因为德鲁克的一个信仰，事实上，德鲁克从来都没有脱离社会学，如果我们可以读懂这个信仰，也会明白管理学的社会学科属性。这个信仰在于，组织要对社会有所承诺，这是组织存在的理由。一个社会要发展，必须要看到人们的福祉，看到人在当中有成长，但是，这件事情社会本身做不了，必须由一个单元来做，这个单元就是组织。这才是组织存在的理由。

于是自20世纪40年代开始，德鲁克开始去研究优秀组织的运行规则，最后总结了一个关键动作，即分权。研究的优秀组织就是当时成功反超福特汽车公司的通用汽车公司，在20世纪二三十年代，通用汽车公司成为大型组织，但是原本领先的福特汽车公司却败下阵来，原因在于没有遵循组织的运行法则。

事实上，福特汽车公司对于社会有着非常好的诺言，创始人亨利·福特一直都在表达要让人们拥有更好的生活，可以享受更高品质的汽车，但是这个诺言只兑现了一半，也就是在他在世的时候得到了履行，更准确地说，是在他个人的鼎盛时期，也就是 20 世纪初期的前 20 年当中，他借助个人的超群才智开启了高效生产汽车的效率革命，也的确因此让汽车走进了千家万户。但是，这样的贡献没有持续，在他的职业生涯后期，福特公司衰落了，这种衰落也正是伴随着他个人的老去，因为他只有一个人，没有建立起一个真正的组织，绝对的集权主义让他丢失了身边的管理者，甚至连他的儿子也没有培养起来，最终，在他的晚年这家公司没能持续更好地履行这家企业对于社会的承诺，于是，走向衰败。

因此，把最核心的问题提炼出来就会看到，要真正兑现社会的承诺，不是仅仅说说就算了，也不是依靠某一个天才，必须是依托于一个组织。而德鲁克发现了真正生成组织的一个核心动作：分权。通用汽车这家组织就是这样成长起来的，也是因此超越福特汽车公司的。后期福特公司死而复生，也是重新做了这个动作。

由此，对于美好社会的生成，不是一个人来完成，而是一个组织，而由一个人变成一个组织，靠的就是分权。但是这个动作又有其动作要领，不能乱打，要张弛有度，否则，美感就出不来。因此，需要认真学习和修炼。

如果我们会修炼这个动作，就会发现，如同德鲁克的观点，分权这个动作可以扩展到人与人之间、组织与组织之间的相处之道，因为这种恰到好处的距离感，让每个个体都可以彼此协同而不是相互消耗，就可以释放出组织的效率，进而成就一个更具价值的美好社会。因此，不论是社会、组织还是个人，是否懂得分权之道将是决定领先与落后的关键行为差异。

01　管理层承担着企业成长的重任

　　德鲁克探索的分权模式，正是他从通用汽车公司身上习得的一系列管理动作。20 世纪 20 年代开始，在福特汽车公司向一家大型组织迈进的时候，亨利·福特因为个人的绝对集权导致身边的管理者全部离他而去，而同期的艾尔弗雷德·斯隆则通过有效的分权组建了高层管理团队，借助事业部分权，让每位高层管理者有用武之地，有自己的事业创造空间，进而率领通用汽车公司成为一家大型组织。

　　因此，撑起这家大型组织的关键器官，就是一支卓有成效的高层管理团队，而打造这个团队的核心动作，就是分权。这就是在梳理组织的成长时，分权是真正的内功的原因，这个内功的修炼长出了高层管理团队这个强大的成长器官，进而生长出更大的组织。脱离了这个器官，哪怕老板一个人再聪明组织都会垮掉，而因为有这个器官，所以组织也不再依赖于老板一个人，因为不断会有高层管理人员接班，进而不断循环，让组织可持续，可以持续履行组织的使命或者社会许诺。因此，这个器官是组织的核心，德鲁克也把这个器官称为一个组织的核心管理团队。

但是，这只心脏必须是由最高领导人通过分权自己来造。有这个部分的跳动，组织就能跳动起来。这也恰恰说明了每个组织都可以卓有成效，因为这个器官不是天生的，是人造的，只要懂得有效分权的动作逻辑，就可以打造出这样的器官。

因此，作为老板一定要问，自己有没有造出这个器官呢？否则，企业就不会长大，甚至也不会长久。

核心管理团队这个器官到底长什么样呢？

相比当时福特汽车公司亨利·福特一个人的"光杆司令"，来看看通用汽车的样子。顶层就是由主席和总裁构成的五个人，具体来说，包括一个董事局主席兼首席执行官、一个副主席、一个总裁、两个高级副总裁。在这个五个人当中，主席和总裁各自带领两个班子，主席和副主席下面有若干职能副总裁，也就是人事、财务、法务、运营等副总裁，总裁班子下面有若干业务副总裁，这些业务副总裁就是各个事业部的总裁了。这些人就是整个组织的心脏，架起了一个超大型组织。

不过，这里面会有两个极大的误解或者错误动作，如果不能读懂，这个心脏就会成为一个空壳，失去灵魂，同样不能生效。

第一个误解在于，以为这个核心管理团队就是由人构成的。事实上，这只是表象，从本质上说，这个团队不是由人构成的，是由功能或者能力构成的，实际上有两项能力：一项是业务能力，另一项是职能能力，由此，核心管理团队就成了去找承担这些业务的人，以及能够为业务赋能的职能人员。由此，不要只看核心管理团队的人有多少，而是要看能力有多少。

第二个误解在于，为了构建团队而构建团队。事实上，组织在结构当中搭建这样一个特殊器官，是要满足一个企业的战略需求的，换言之，是经营的需要拉动了这些器官的逐一成长。比如说，当经营的事业很小的时候，集权就可以，不必要复杂，但是随着业务的拓展，当开始有了更多业务机会或者更大的市场出现的时候，一个人顾不过来了，这个时候就要让这个器官慢慢长出来。这正是福特公司当时衰落的原因，公司开始长大，可惜这个器官却没跟上来。换言之，如果业务不够多，如果机会不够多，实际上也没有办法去拉动组织成长。也因此，组织一定要跟着业务的需要成长，长出能够支撑业务的器官来。这才是通用汽车这一心脏的成长逻辑。

因为有雪佛兰、别克、凯迪拉克这些汽车业务，还有诸多汽车元件供应业务，在此基础上，才有了事业部分权结构，这些业务独立成事业部，事业部总裁这个角色也让这些业务负责人变得更加重要并且更加自主。这些总裁成为事业部的负责人之后，一方面是事业心的激活，另一方面是总部的赋能，从而把事业部的效率释放出来。美的集团的事业部分拆也是因为有了空调、风扇、厨电、压缩机等业务才有了基础，而成为事业部的每一个单元在马力上又如同"脱了缰的野马"一样开始奔驰，打破了集团集权成长的"魔咒"。但是，不论是通用汽车公司还是美的集团，之所以能够跑起来，可以不乱，是因为张弛有度，所以有野性但又不失矜持，有脱缰的马力但事实上又没有脱缰，成就了在集团疆域范围内奔驰的骏马。

02　总部和分部的权力约定

企业有了业务机会，有了职能的能力，这个时候，每一个职位或者部位的诞生就都成了一种约定。比如，哪些权限在总裁或者总部这里，哪些在业务副总裁或者事业部这里，业务副总裁应该做什么，不可以做什么，职能副总裁或者部门应该做什么，需要做到什么样子，这些约定就是分权。而之所以称为分权和约定的关键原因在于，这些约定往往约定的是彼此之间的合作。表面看彼此是相互分开，但是彼此又都没有分开，看起来各自独立，但是彼此又相互依赖，这就构成了彼此之间的契约关系。

由此，这种约定就构成了一种约束，设计出了一种有限度的自由。具体而言，在约定上，德鲁克从通用汽车身上研究出了五个动作要领。

第一个动作要领是总部统筹全局。在做什么与不做什么的业务范围上，由总部决定。并且对此总部负有为公司长远布局的战略责任，比如未来新业务的拓展，这个责任不是由事业部来承担，事业部可以考虑，但是最终的决策在于总部，并且是总部不可推卸的责任。这样，当总部可以统筹安排时，各个事业部就不会乱，也不会发生冲撞，整个集团的目标就是统一的。

第二个动作要领是运行权限划分。因为价格是通用汽车经营的底层假设，是用价格来做业务区隔，以此参与市场竞争的，因此，定价权在总部这里。但是事业部花了多少钱买元件总部不作限制，甚至是不是从通用汽车内部的元件事业部购买也不受限制，这是分部的权力，是遵从市场经济的自由规律。事业部总裁的奖赏权和任命权在总部这里，因此，事业部总裁要对经营绩效负责。

第三个动作要领是总部必须关心事业部进展。总部必须留意各个事业部的业绩进展以及遇到的问题，及时帮助事业部解决问题。因此，分权不代表撒手不管，只是给予事业部一部分自由运行的权限，但是不论在哪里，事业部都是整体的有机组成部分。当中的核心在于，当其中一个事业部的运行效率低下时，就会影响整个组织的效率，因此，过程当中总部要及时跟进，并且不断帮助事业部进步。

事实上，美的集团在 1997 年进行事业部改造之前事先做了一个动作，即建设内部的数字化系统，由此，就可以看到每个事业部的运行状况，哪里出现问题就可以及时解决，从而帮助每个事业部有效运行。为此，美的邀请到了甲骨文公司来帮助，也成了甲骨文在中国的第一个客户。但是这不代表老板就可以远离市场了，老板距离市场越远，资源就会距离市场越远，因此，老板和市场是不能分开的。事实上，即便有了数字化系统，美的集团的创始人何享健依然会走到前线，不仅意味着带去资源解决问题，更代表着给予事业部成长的关心和信心。

第四个动作要领是保证事业部稳健运行。事业部虽然是集团的分部，但也是相对独立运行的部分，相当于一个企业在独立发展，因此，在发展逻辑上必须遵循企业的持续经营逻辑，也就是要遵守德鲁克始终强调的组织稳健运行的两个前提：财务和法务要稳健，不出现问题。但是相比纯粹独立的企业，事业部更为"好命"，因为有人会帮助事业部来操这份心，这就是总部的职责。这时候，总部的职能能力就派上用场了，总部的财务和法务必须贡献专业意见，帮助事业部在经营绩效获得的同时在财务和法务上不出现问题，从而可以持续经营。有了总部的这份心，分部就可以安心运行了。

第五个动作要领是总部职能要为事业部赋能。事业部分权是一个相对耗费资源的结构，因为有职能的重复设计。事业部要独立运行，因此要有各自的职能部门。但是，与此同时，总部依然有职能部门，也因此会有职能副总裁，但一定不是虚设，必须承担责任，责任就是为事业部提供更为专业的职能建议，充当管理顾问或者服务者的角色。比如，在人员激励、生产运营效率等专业问题上，总部职能部门可以参与进来，或者事业部可以请求总部职能部门帮助，但是这时候决策权在事业部这里，不在总部，总部职能部门的建议只能供参考。

因此，职能部门并不是真正意义上的职权阶层，实际上享有的是专家权而不是职权，必须运用有效的知识赢得业务部门和总部的信任，才能真正拥有话语权，存在的价值才能够凸显出来。除此之外，因为总部的职能部门可以融入事业部，还可以帮助总部了解事业部的运行情况，实际上也充当着总部的一只触角，但目的是在帮助分部进步。

有了上述动作要领的约定，总部和分部就可以有序运行了。

03　用绩效考察分权的效果

对于总部和分部的分权，最终运行的有效性取决于结果，因此，分权是否有效，取决于结果检验，也正是因为核心管理团队可以贡献出各自的绩效，才验证了这个器官的成长和存在意义。因为价值贡献，这个器官当中的每个个体才可以收获价值。通俗地说，就是获得奖励。这种奖励是基于价值贡献，因此，在有序运行的基础上，分权管理更为高阶的动作在于绩效考核。如同通用汽车展示的动作要领，在这个过程当中，关键是对于总部的职能部门和事业部的绩效考核，唯有明确考核的内容，这些角色才能清楚自己应该向着什么方向贡献价值。

◆ 对总部职能部门的考察：是否为分部贡献出专业水准

根据分权过程中总部的职能部门应该承担的职责，要为各个事业部提供专业水准的指导建议，因此核心在于考察专业能力，也就是职能副总裁是否带领总部职能部门贡献出专业水准的指导建议。比如，在财务和法务的稳健运行上，如果只是一味地降低风险而什么都不让事业部去做，让事业部蹑手蹑脚影响了绩效，这也体现不出高水平的专业技能，能否兼顾才是考察的水准要求，兼顾越好，越值得奖励。如果从这一点来看，很多职能部门的表现可能就不够好。

但仅有专业能力的考察还是不够，还必须要考察一个更重要的贡献，即系统价值的贡献。总部职能部门在对待一个事业部的指导上找到了行之有效的方法，诸如如何降低生产成本，这时候还不够，必须要把这种方法移植到其余可以适用的事业部。否则，就会有效率的浪费，每个事业部的发展节奏也会不一样。如果从这一点来看，很多职能部门做得就更远远不够了。

因此，总部的职能部门充当了极为重要的连接作用，不仅是在纵向的总部与分部之间做信息沟通，还在分部与分部之间穿针引线。这才是对一个好的总部职能部门的考察。这种职能部门身上才有"总部"的味道，才可以让分部感受到不是压力的味道，而是有真正接受赋能的感受，并且让事业部之间感受到彼此不是争斗而是相互加持，最终可以帮助组织整体指数级成长。

更有意思的是，这个时候各个事业部才愿意回馈总部的职能部门。当时通用汽车的事业部每年拿出销售额的千分之五来支付这笔成长顾问费用，因为真正获得了价值回报，让事业部觉得这份投资物有所值。

◆ 对事业分部的考察：真实的自理能力到底如何

除此之外，毫无疑问，对于事业部的考核是重中之重。同样是考核两个内容：一个是效率，另一个是业绩。这两个内容听起来并不复杂，但是当中有关键的动作要领，而我们很多企业考察时最容易做出的错误动作是，只看绝对的表面经营业绩，正确的动作是考察相对的效率以及业绩中内生增长。

因此，在经营绩效的考察上，最重要的是要做到真正的客观考察，不是主观感觉，也不是肤浅的表面判断，必须是抓到本质，有了客观的评价，才能做出客观的奖励，甚至才能客观地做出任免。这时候，总部才没有滥用奖励权和任免权。真正优秀的经理人才能培养起来，才愿意或者才能真正留在企业里面。

在效率上，要做三个重要的比较动作，这个时候就会找到真实的绩效差距或者优势。

一是对标行业。很多企业只在意销售额的增长，但如果表面上一个事业部的销售额是增长的，可在行业中的市场份额是下降的，这就说明在同行竞争力上已经掉队了，事业部没有跟上行业发展的步伐。

二是对标市场。对于元件事业部门，关键是看品质和价格在市场上是否有竞争力。因此，元件事业部和产品事业部之间是市场化的供应关系，但是元件事业部又在企业内部，是企业的构成部分，这就要求元件事业部要在品质和价格上有市场竞争力，否则，就没有存在的必要。

三是对标内部。不是看一个事业部的绝对产值，而是看效率，这时就会发现有些是产值巨大，但是效率不足。比如，对照同样是具备可比性的成熟业务，彼此已经都过去了用高投入换成长的业务兴起阶段，这个时候，作为"同龄"的成年人，效率高下立竿见影。这时，资源就可能需要重新调整，开始流向效率更高的地方，或者效率不够的地方要做出调整，及时改善，当然，根据总体战略布局，也有可能整改、出售甚至关闭。

因此，对于事业部来说，运行效率这个动作极为重要。如果从这一点上来看，通用汽车不仅是在整体的分权"组织效率"上下了功夫，在每个事业部运行的"劳动效率"上同样没有马虎，才保证了组织系统的效率。

除了从效率的角度来衡量经营绩效之外，另外一个关键动作是剔除经营绩效中的外部因素,这个时候的业绩才是最真实的业绩。

比如,对于一份非常漂亮的业绩成绩单,关键要看是在什么样的外部环境下取得的。如果经济环境和行情一片大好,在这样的运行环境下取得这样的成绩可能就不够了,但如果是在形势非常严峻的情况下取得了这样的成绩,就说明真实的表现实质上比我们看到的还要好,这就需要给予更高的奖励。这时候,才能做出客观的绩效评价,没有误判,对于那些实际内功不够的业务没有给予过高奖励,同时也没有让雷锋吃亏,那些真正内功更高的业务也值得更高奖励。

04　分权的柔性:拥抱新机会

事实上,分权管理在运行上有刚性,比如在职权划分和绩效考核上都非常明确,是相对固定的内容。但是,有一点必须要注意,环境是变化的,不是固定不变的,因此,事业部并非没有弹性空间,这就又回到了事业部生成的起点,是因为经营的变化、业务上的需求,所以才有了结构上的安排。因为事业部更贴近市场,如果组织在分权上绝对刚性,严格规定必须按照预先计划的路线走,就有可能错失机会。因此,针对新的变化和机会，事业部也有弹性和变化的空间，但前提是保证绩效。

因此，在事业部上，组织是允许三种变化的。这三种变化恰恰是通用汽车在 20 世纪 40 年代战时的动荡时期表现出来的。事实上，这种动态环境反而非常贴合当今时代的不确定性。对于这种不确定性环境中表现出的新机会，组织有三种分权管理动作可做。

第一种是事业部在驾驭范围内拥抱新机会。只要可以驾驭，可以贡献出绩效，总部允许分部抓住机会。事实上，通用汽车的事业部在战时接到了一些新产品的订单，这些订单超出了原本的计划范围，但是因为的确贡献出了重大业绩，因此，通用汽车准许了这样的变化发生，也因此，计划才跟得上变化。

第二种是事业部协同拥抱新机会。如果事业部自己无法驾驭，就协同其余事业部一起抓住机会。比如，战时涌现出了坦克需求的新机会，这项军需通用汽车没有一个事业部可以驾驭，有技术的事业部没有这么大的场地，有场地的事业部又没有足够的技术，于是，事业部之间开始协同，共同创造价值。

第三种是用新事业部拥抱新机会。如果事业部自己无法驾驭，事业部协同也无法驾驭，这个时候不意味着组织就失去新机会了，可以通过新建事业部的方式进行。比如，战时空军就涌现出需要飞机的机会，但是通用汽车现有的事业部都做不了，于是通用汽车收购了若干新厂重新组合成新的事业部来完成了这份事业。事实上，按照这个逻辑，为了把握住新机会，还可以不断展开更多的内外合作。

由此，机会就不会错过，而逻辑依然非常清晰，结构实质上是跟随战略在走的，其实并没有任何跑偏。

德鲁克把这段经历称为通用汽车公司的"战时转换"，不论如何，是因为匹配了环境的需求，才让企业在"战乱"当中存活了下来，并且活得更好。今天在动态的商战当中，又何尝不是呢？

由此，分权实质上是一种灵活的生存秩序，因为组织与环境的协同，组织内部上下左右的协同，让组织可以找到环境中的生存和发展机会，而因为组织从总部到分部的协调以及分部之间的协调，不论是总部的职能部门和事业部之间的协调，还是事业部之间的协调，最终都是把机会转变为绩效。

这就是组织作为一个社会的基本单元通向美好的密钥，我们读懂分权了吗？事实上，很多企业哪怕是读懂了当中的一些基本动作要领，也不至于让企业的成长常常受限，成长不起来甚至是过早倒下，不论是受限于个人，还是困惑于接班人，或是受困于企业自身的力量无法集合更多力量，这些限制的根源正是在于没能掌握有效分权的动作要领。从现在开始重新做好这个动作，就会帮助企业奠定通往美好的基石。

第5部分

如何才能真正迈向卓越

　　吉姆·柯林斯被《财富》杂志誉为继德鲁克之后又一位伟大的管理思想家。这位伟大管理思想家的练就同样是经过一番传奇的经历。20世纪90年代初期，30多岁的柯林斯辞去了斯坦福大学的教职，回到家乡科罗拉多州，在落基山脉下的一个僻静小镇潜心研究，最终探索出了美国卓越企业的一系列成长模式，科罗拉多大学也因此授予其荣誉博士学位。

01　守正的信仰：持续做正确的事

柯林斯是在管理思想上产生了广泛影响的研究者，不仅是影响了美国，甚至是启蒙了诸如马云、柳传志等一批中国早期的创业家。之所以有这样的影响力，源于他对组织灵魂问题的探索，这样的问题会超越国界，甚至超越企业的大小，每一个人、每一个企业，不论现在如何，不论身在何处，都希望走向卓越，但问题是，我们凭什么可以走向卓越？这个问题也许不同的人和企业会有不同的回答，但是归根结底，必须要有一个起源。这个起源也不是一般的回答，如同卓越或者永续经营这样的伟大目标，描述其起源的答案也必须要有足够的根基才能支撑起远大的目标，这个根基正是信仰。

◆ 拷问自己：自己在信仰之内还是信仰之外

当然，不得不说，"信仰"这个词又迷惑了很多人。每个人都有每个人的信仰自由，正是因为这种自由的特征才会导致一个结果，不会是所有的人都可以经商成功，甚至只有少数人和少数企业可以。原因就在于，很多人和企业的信仰没有在让企业走向成功的信仰范围以内，这样的信仰带着行为一起就把人们引导到成功的范围之外，甚至是商业的失败。

因此，对于经营企业来说，信仰其实是一个约束的词汇，约束到经营企业必须要做的正确的事情范围以内才可以。这样的信仰具有极强的排他性，不在这个信仰范围内的事情就不可以做，而一旦自己游离在信仰之外时必须立刻回到范围之内。一个真正懂得维护信仰的人实际上是可以守住信仰边界的人。

所以，对于信仰，最有意思的地方在于，信仰永远都是对的，但是你有可能不对。这是最需要我们警醒的。

事实上，柯林斯的研究也在不断接受挑战，当然他很坦然地去面对这些好的问题，比如，因为他的研究时间跨度非常大，所以一些早期在他的研究里被认定是非常出色的企业到后期反而没有竞争力了，原因何在呢？是不是之前的信仰有问题了呢？这的确是一个非常好的问题，因为当我们读懂了而不再困惑这个问题的时候，我们才能真正读懂信仰。

问题的真正原因在于，这些企业在后期没有再坚持自己的信仰，跳出了信仰的范围做了错事，而做了错事必然会为之付出代价。这就是为什么在企业史甚至是人类史上总是可以有英雄辈出的原因。事实上，信仰就在那里，英雄的逻辑就在那里，只是我们选择在里面还是外面，还是一开始在里面后来又不知不觉走了出来。因此，我们需要检查的是自己，是问自己有没有错，自己有没有始终都在做正确的事情。

对于经营企业来说，正确的事情是什么？有没有模板呢？

当然有，关键是看我们自己信不信，是愿意把自己约束在这个范围里面，还是觉得这个范围不够舒服，因为不好做，需要付出的代价太大，所以选择继续游离在信仰之外。

◆ 聚焦顾客，让商业的灵魂更加纯净

对于经营企业来说，到底什么是正确的事情？德鲁克早已经一针见血地给出答案，企业只有一个目的，创造顾客。

这就是经营企业的信仰，但是，这四个字也许有人觉得太空了，实际上还是因为自己在这个信仰之外。在解释这个信仰上，沃尔玛可以看作最好的例子了。创始人沃尔顿是真正白手起家的创业者，这种一无所有反而逼迫他抓住了一根救命稻草，这根稻草就是顾客。所以创业时他一个人非常辛苦，支撑他这样做的只有一个信念，就是一定要有人来买他的东西才行。他卖的东西不能比别人的差，但是还得比别人的便宜，只有这样才有顾客，所以他一个人开着小货车跑比别人更远的路去找这样的好东西，把省下来的钱都给了顾客，所以，他才有了生意。这就是经营企业的信仰，如果像沃尔顿这样的信仰才是对的，其实我们很多人都没有在这个信仰里面。

更重要的是，很多人都摸索不来自己的商业模式，或者说，商业模型总是不行，一直都运行不出结果来，原因一定出在商

业模式没有建立在追求信仰的灵魂之上。反过来说，沃尔玛为什么可以有商业模式，正是因为沃尔顿对信仰的身体力行，"天天低价"这个影响世界零售业的商业模式就是沃尔顿在流着汗水为顾客找东西的时期"长"出来的，所以，商业模式不是创造出来的，是因为这种纯净的灵魂而生出来的。

而当沃尔顿决心从小生意做大生意时，也就是从杂货铺到大型超市的时候，相比诸多巨头，他仍然是一无所有，但是他依然有这样的信仰。当那些富豪们拿钱去买游艇、花时间去打高尔夫球的时候，沃尔顿把攒下来的钱用做建仓库，带着团队在别人打球的时候一起开经营会，这时候我们已经知道，那些人已经跳出了信仰，可沃尔顿在里面，所以，成功的是沃尔顿而不是别人。

这个时候再问自己，我们还有几个人敢说自己在这个信仰里呢？

因此，如果我们真的是一个有信仰的人，是可以剥离出很多事情的。而所有剥离出的事情全部都是可以节约下来的成本，用在自己的信仰上，我们才能因此而拥有优势。也因此，一个一无所有的人，因为信仰，可以改变这一切。

◆ **商业模式：对顾客说出有灵魂的话， 并兑现承诺**

对于那些没有商业模式的企业来说，不妨再去细细品读

"天天低价"这四个字，这是成功的商业模式，但这不是冷冰冰的四个字。相比之下，一些企业的商业模式都太"冷"了，即便看起来不冷。冷暖之间看的不是华丽不华丽，不是漂亮不漂亮，不是有多少的技巧和技术，而在于是否真的说到人们的心坎里，尤其是用最朴实的话语。"天天低价"就是这样的话，再平时不过，再简单不过，甚至在一些人看来，相比那些华丽的表达，都称不上什么商业模式，但是因为和顾客的心有灵犀，才让我们知道原来真正的商业模式就是长成这个样子的，这样的灵魂话语超越了一切五花八门的定义。

一个真正关心顾客的人才能对顾客说出有灵魂的话。美国的一家很普通的汽车旅馆之所以快速成长起来，正是起源于它对顾客说的一句话："不论多晚，这里总有一盏灯为你亮着。"在此之前，这句话也许只有家才可以说出来。想想看，对于每天都在奔波劳碌的人来说，尤其是经常出差的人，一定会深有体会，总渴望有一个能像家一样的地方，让自己卸下一身的疲惫。

所以，这是一句触动人内心灵魂的一句话，当我们身处异地，当想家的时候，这个酒店会像家一样不管再晚都会等着我们。如此简单的一句话胜过很多好看的广告，已经呈现出一幅暖心的场景。很多人听到这句话之后，甚至开始专门去找这家酒店，因为那里是自己的"家"。真正的家未必多么奢华，但是总会为我们守候，是真正的归宿。你放心在外打拼，家会等着你。

当然，也许有人觉得，这不过是一个广告语而已，相比自己认为的商业模式不值一提，可正是因为这种小看或忽视让我们在商业模式上抓不住方向，没有定力，或者让商业模式没有力量。

商业模式就是企业对顾客说的话，这句话必须触动顾客的内心，这时候商业模式才拥有灵魂。有了这句话之后，一个企业的所有商业行动都是围绕着兑现这句话进行的，才因此创造了顾客。

有的企业也许想到了这样的话，但是不敢对着顾客大声说出来，生怕自己做不到，担心自己给自己出了难题，不过这从某种程度上来说是降低了自己对自己的要求，也恰恰是自己无法贡献出更大竞争力的原因。所以，商业模式其实不只是一个理念，更是一种行动，是对顾客的承诺，更是对企业自身的高要求和高度的自律约束。当然，对于企业来说更是一种强大的激励力量，这是很多经营者可能还没有意识到的商业模式的独特功效。不讲出来，就没有办法督促自己，对着顾客讲出来，本身就是一种重大的督促。

就像是沃尔玛对顾客说"天天低价"，就必须下定决心做到这一点，所以创始人沃尔顿才不辞辛苦地四处奔波，沃尔玛才没有闲钱和闲工夫，有钱就给顾客建仓库，有时间大家就一起来讨论经营，这才是真正的商业模式和商业行为。同样，当酒店说出这句话时，一切商业的动作和努力都将围绕这句话进行，这样才能让企业的钱和时间有的放矢。事实上，越装腔作势，越说不出有灵魂的话。

更有意思的是，一句真正有灵魂的话胜过千言万语，胜过复杂的修饰，甚至胜过巨额的广告投入。事实上，这家酒店的这句话只是请播音员在电台上播出，没有高额的视频和明星投入，因为本身已经是画面，简单的一句话出来，温暖人心。因为真正触动灵魂，这句话不仅打动顾客，连很多从业者都被打动。我曾把这个故事和酒店行业的创业者和经理人分享，尽管他们听过许多精彩的行业案例，但是这个故事依然让他们深受触动。不过，这是否也意味着，我们很多人依然没有真正走进顾客的内心世界呢？

唯有真正走进顾客的内心世界，才是真正的业内人士，因为我们的事业只在顾客那里。

02　坚持要做的正确事情

在具体的信仰模式上，强生公司提供了一套标准动作，一个企业的信仰，就是要对顾客、成员、社区、股东负责。由此，信仰的本质是一种责任，是坚信要做的事情。因此，如果我们进一步问，哪些事情才是正确的呢？就可以回归到这套信仰模式上来，只要是在对此负责，在做这些具体的事情，就是正确的事情。反过来说，如果没有对此负责，没有做到这些范围以内的事情，企业的运行也许就已经偏离正轨。

◆ 用产品对顾客负责

第一份责任是对顾客负责。对于强生来说，就是用强生产品的人和组织，包括病人、医生、护士、医院等。为了承担这份责任，一个企业需要做三件正确的事情。

第一件正确的事情就是提供产品。因为没有产品就没有人能用，这是触摸顾客的界面。而在产品上，要保证是正确的事情，必须要符合两个动作要领：一是给顾客贡献品质，也就是保证产品的高品质，并且是要持续保证。二是给顾客节约成本。在这一点上，就像是沃尔玛所做的那样，就降低成本而言，企业的一切努力实际上最终是为了降低顾客的成本，所以经营企业才需要节俭不浪费，否则成本就会转嫁给顾客。需要注意的是，降低成本不能牺牲品质，贡献高品质是前提，如果因为降成本而有损于品质，那么，实际的损失一定要比节约的成本大得多。企业会为品质问题付出巨大的代价。

最极端的错误是，企业在产品成本上斤斤计较，为了蝇头小利不惜拉低品质，而在产品之外的投入上却大手大脚，甚至挥霍无度，这就是没有把钱用在对的地方。用在产品之外的投入更多的是消耗成本，而用在产品上的投入才可以创造价值，因为顾客会为此支付价格，这也是为什么一定要降低成本消耗的原因，因为顾客没必要支付产品之外过多的成本消耗。

所以一定要审视：在产品本身上投入得够不够？还是投入了很多，但都在产品之外，这时的投入就会变得低效。

因此，第二件正确的事情就是提升效率。就产品而言，就是要保证产品到达顾客手中的流程效率要高。要保证这件事情是正确的，必须要符合两个动作要领：一是订单必须要准确地完成，不能出现完成订单上的差错。二是订单完成得要快。为此，所有的流程设置都是基于这两个动作要领进行的。

也因此，在整个产品流通的过程当中，企业必须要重视一个帮助企业接单的环节，即渠道，这个部分是产品和顾客的桥梁。企业不能过河拆桥，因此，第三件正确的事情就是，保证渠道的利益，要让渠道有钱赚。但是在这一点上，往往很多企业做不好，虽然不至于过河拆桥，可是不论是出于谁的原因，常常维系不好，原因就在于，忽略了当中的核心动作要领：公平。

产品生产企业和渠道，能够维系彼此关系的根本就是依靠这个要领。不是要让谁占了更多不该拿的便宜，不是让付出更多的一方吃大亏，如果是这样就一定无法维系，更不是所谓店大欺客，这样更会养成恶性争斗的习惯，一些不好的商业行为和一个不能健康成长的行业就会在这样的恶性生态中滋生出来。相反，公平意味着彼此要保护好彼此的利益。

卡特彼勒之所以成为一个行业的领袖，不是因为他先期有多大，而是在整个行业低迷的时期宁愿自己牺牲一些也要去保护住渠道商的命，让渠道商活下来，这种良性的生态让活过来的渠道商纷纷报恩，这家企业才成了行业的领袖，先期付出更多牺牲的卡特彼勒也最终得到了更大的回报，这就是公平。

所以，吃亏就是占便宜，这是中国的一句老话，如果我们愿意去领会，这更是一个构建良性商业生态的智慧法则。

以上这些动作的做出都是为了保证一点，让产品源源不断地和顾客在一起，这就是经营企业的第一个责任。我们想好拿什么对顾客负责了吗？

◆ 让基层员工有安全感

第二份责任是对基层员工负责。强生把基层员工称为同事，这些人就是在厂房和办公室里默默付出的一线工作人员。要真正对基层同事负责，就要做出三件正确的事情。

第一件正确的事情是让人有安全感。逻辑很简单，只有当工作人员有安全感时，才可以安心工作，人才能够拥有效率，这是组织行为学这个学科的基本规律。在组织管理当中，我们可能想到了给人提供工作方法，这是劳动效率的基础；可能想到了给人提供岗位和角色，这是组织效率的基础，因为这让组织有机会释放角色的力量，但是归根结底，必须要依赖于人的效率，看人本身能不能安心去把方法和角色完成，而撬动这个效率的正是安全感，尤其是对于基层人员来说。

有些企业说是不是需要人人自危，事实上，不到非常时期，比如变革时期，还是先以安全感为前提，尤其是基层人员。高层可以更多保有危机感，但不要过度渗透到基层，因为基层的承受力通常没有那么大，作为高层也理应多一些承担，否则有可能会制造动乱。而即便在变革时期需要人人自危，让人不安于现状，让人警醒，但是危机感过后终究要让人安下心来工作才可以。

第二件正确的事情是让人受到公平的对待。主管是和下属在一起工作的管理者，因此要对员工负责，主管的行为就变得非常重要。主管的核心动作要领在于：公平。要能够公平地对工作做出评价，做到薪资公平，要能够认可员工的优秀，做到放平心态。也因此，对于员工来说，得到安全感当然又不是免费的，安全感依然是来自工作，这份感觉实际上是自己的劳动赋予自己的。一个人不能在没有付出劳动和获取成绩的时候盲目谈公平，认为自己受到了不公平对待，这样对付出劳动和取得成绩的人来说就不公平了。

因此，第三件正确的事情是让人有机会成长。这才是考察的逻辑，不经过考察是没有办法验证一个人的成长的。要尊重想要晋升的人，通过公平的考察让人有晋升的机会。但是，除了在能力上够格之外，晋升要重点考察人品，看一个人的品德，因为这个人将会变为主管，会重新带领下属成长。

◆ 让管理者贡献出管理水平

第三份责任是对管理层负责。在组织成员当中，除了对基层负责之外，还要对管理层负责。要对管理层负责，同样需要做三件正确的事情。

第一件正确的事情是经理人要德才兼备。一个人要有才干和品德才能被提拔或任命为经理人。这提醒经理人和想要成为经理人的成员，需要做到德才兼备才可以，这的确是一个很高的要求，德和才都是必要条件。事实上，考察德要比考察才更难，因为才干是显性的，用业绩可以很直观地看出来，但德必须是长期考察的结果，甚至是在一个人经受挑战、诱惑或磨难的时候才能显现出来，不过这种本色在一次又一次的考察和锻炼当中还是能够映衬出来的。反过来我们也知道，经理人的角色不好当，要想成为优秀的经理人，需要一个人经过严格的训练和考验，需要自我向着经理人的方向去雕塑自己，并且要高度自律，才能唤醒自己的品德。

第二件正确的事情是经理人要学习掌握管理的常识。经理人要做好管理的工作，背后需要有效的方法论指导，但是，很多时候经理人或许不缺乏学历，甚至也不缺乏知识，不过会缺乏常识。缺乏常识是致使管理无效的重要原因，如同管理学家明茨伯格在对管理教育上进行的反思，今天很多管理人员并不缺工具，可是因为常识上的匮乏导致了最终的无效，所以，管理者不是 MBA。经理人要学习成为一名有效的经理人而不是以变成 MBA 为目标，可结果是，今天很多经理人都已经变成了 MBA，甚至是高级 MBA，也就是 EMBA，具备很好的学历，但是不见得拥有成效。因此，管理者需要回归常识，做出正确有效的行动。懂得常识会让管理者更务实，因为要接受实战的检验。

第三件正确的事情是经理人要学会为他人着想。事实上，这反而是作为管理者需要知道但又常常忽略的一个常识。一个经理人到底有没有效，最终取决于绩效的检验，而承担绩效实现的却不只是经理人自己。所以，经理人不能心里只装着自己，如果不会为他人着想，就不会知道他人是否有安全感，也不会知道别人的成长意愿，不会看到和发挥别人的长处，也不会做到因为释放团队的效率而真正验证自己的管理水平。

◆ 在所到之地留下美好的印记

第四份责任是对所在地负责。企业和人要对工作所在的地方负责，当中包括非常明确的三件正确的事情。

第一件正确的事情是做个守法公民。公民并不仅是一个人的概念，存在于社会当中的企业也拥有公民身份，但这种身份必须是一种义务。所以，"公民"这个词，同样是一种责任，是企业和人必须要做的事情，而不仅是一个名称。每一个人都要做一个守法公民，一个企业也要做一个守法的企业公民，比如，要依法纳税。

第二件正确的事情是但凡我们用过的环境都保持良好。这是非常重要的一点，我们工作用的办公场所，企业所占据的写字楼、厂房园区、居住社区，甚至我们开会或举办活动的一些临时场地，能否保持良好的状态呢？是否给周遭带来破坏了呢？还是我们留下了一些美好的东西。不要忘了，这是一个企业和人工作的责任，而不仅是贡献业绩就可以了。

这看起来事小，但恰恰是今天业绩有水分，甚至导致企业和区域发展难以可持续的原因，如同"蝴蝶效应"一样，一旦埋藏在业绩当中，说不定就在什么时候以某种意想不到的形式爆发。因为我们的业绩很多时候并没有扣除这部分成本，如果是牺牲了环境代价的话，事实上，我们的业绩也许没有那么好看，很多企业后续还要为之付出成本。这一点至关重要，如果一个企业要基业长青，必须要有这样的意识和行动，才能在环境当中留下美好的印记。其实，我们的环境一直都在为我们"记账"，一定是善有善报，没有时间不可以检验的行为。

第三件正确的事情是要让所在地知道我们在做善事。唯有这样，才能得到所在地的支持。这是一个看似很简单的常识，但是真正的力道比我们想象得还要大，尤其是当我们要进入一个新地方的时候，人生地不熟，如何获得支持呢？这正是强生可以成功进驻中国的原因，因为懂得与中国融合。

我曾有幸向最早负责中国区域市场开拓的强生公司副总裁请教强生为什么可以做到这一点，原因就在于其是真正热爱这片土地，因为会在这里生长。而强生做的最重要的一个动作是让中国政府知道强生是来做善事的，强生来中国是要真正根植中国、回报社会的。这是真实的表达，因为是强生文化里的基因，是行为模式，不论走到任何地方，强生都很在意对所在地做了什么贡献。有了这个基础，才得以立足。

◆ 为未来和逆境做好准备

第五份责任是对股东负责。值得说明的是，强生把这一点放在最后，真正的逻辑在于，如果能够认真做好前面的责任，自然已经是在对股东负责，股东也会得到想要的回报。这个逻辑非常重要，有些企业口头上说对股东负责，但是有没有先负责好前面的事情呢？反过来说，投资人也不要急于向企业索要回报，关键要看，企业有没有做好前面的事情，如果没有做好前面这些正确的事情，一切期盼都会成为幻影。

当然，在对股东负责上，在前面的责任基础上，依然要做出三件正确的事情。第一件正确的事情是不论如何企业还是要能盈利。但盈利本身并不只是为了股东的眼前利益，而是为了后面两件事情，这两件事情是对股东长期负责的要事：一个是面对未来，另一个是面对逆境。

第二件正确的事情是要为冒险和创新预留好失败的成本。企业必须要有新的构想，要为未来做准备，但是任何创新都有失败的风险，由此，要预留出保险储备金，以应对失败的风险。所以在冒险这件事情上，仍然需要提醒，一定是在可控的范围内去做，否则也是对股东不负责任。

第三件正确的事情是同样的道理，不过是用于不同的场景，即要为逆境做好准备。这是对投资人的负责，甚至更确切地说，是对自己的生命负责。而最重要的动作要领在于，是在逆境之前做好准备。但这反而是非常难的，因为没到身处逆境的那一刻往往不会感觉到甚至不会以为逆境会到来，可是一旦逆境来临没有准备的话损失也许会大大超出原本的想象，甚至可以要了企业的命。因此，不管现在处在什么样的境况当中，都要为逆境做储备，未雨绸缪。

我们是否在承担以上责任呢？

如果一个企业家说这些没有什么大不了的，我自己很清楚，这反而有些麻烦了。因为这是一个企业的信仰，不只是一个企业家的信仰，必须要成为每个人的信仰。所以，把这些正确的事情明确出来之后，强生的高管做得很重要的一个动作就是，拿出时间来做沟通，让强生的成员知道什么是正确的事情，这样才不至于做错事，在面临选择时不知道依据什么，更不至于不知道什么是正确的事情凭个人感觉猜测去做，而一旦做错事，所有的努力就全部都是成本的消耗。所以，这是一个企业的信仰，在西方文化的柯林斯用教派一样的文化来形容，我们东方文化则可以用另外一个词，即上下同欲，这就能保证所有人的行为都在正轨上。

此外，对于这些正确的事情，一旦自己做错了，必须要承认，不能回避，哪怕需要承受巨大的代价。这个时候已经没有资本去谈代价的条件，正确的做法就是去付出和承受不可推卸的代价。一些企业之所以一错再错的根本原因就在于，犯了错的时候不直面错误，不去完整地承担全责，而依然是想着在自己应承担的责任上讨价还价，事实上，这个时候还是没有真正认识到错误，甚至还是抱有幻想和侥幸的心理。

强生的泰诺胶囊曾经被人恶意动了手脚造成了事故，因为有信仰在，强生立刻动用上亿美元回收全部药品，哪怕有些区域是没有问题的，并且动用数千人和大众沟通，不惜一切代价，以确保接下来万无一失。所以强生活了下来，甚至更受人尊重。但是，面对同样的情形很多企业都没能活下来，因为还在计算成本，不敢承受责任，最终搭进去的是企业的命。

这就是信仰的力量，真正有信仰的人，一定是敢于承担责任的人，因为信仰本身就是责任，就是要求一个人自律，做正确的事情。信仰没有在墙上，也不是挂在嘴上，信仰在自己的行为上，在承担责任上。也因此，一个企业的信仰才造就了企业顽强的生命力，让企业有了根基，基业长青。

03　不断的进化

柯林斯的厉害之处在于，他找到了一个企业基业长青的基本规律：不变和变。企业要坚守信仰，同时又要不断地演变，才可以持续保持领先，这也是一般企业和卓越企业的模式差别所在。

在诸多行业当中，纸业算是一个既传统又现代的行业，历史悠久，同时到今天为止依然拥有巨大商业价值，而现代纸业的发展更是一部书写和承载着人类生存需求和价值创造的商业史。

◆ 以对顾客的价值为方向

如果从人作为顾客的角度看产业，纸业贡献出了两个最为重大的价值，这两种价值让纸业可以存在和发展：一种是工业价值，这是现代纸业崛起的重要支撑，书报业是其中的重要代表，作为工业用纸，现代纸业是伴随着书报业一起发展起来的。另一种是生活价值，纸巾业是其中的重要代表，这是现代纸业脱离载体的功能以相对独立的身份融入人们的生活。

如果再进一步深挖这两种价值背后的价值本质就会发现，工业用纸实际上是一种载体，其中代表书报承载的是文化，因此，根本上是满足人的文化需求，是在贡献文化价值。生活用纸则是更依托于纸张本身，这些纸张已经是人类的贴身所用，替代了原本不够健康的贴身用品，因此，根本上是满足人的健康需求，是在贡献健康价值。

产业的发展不会是从天而降的，都是经过一番重大努力才会有的。任何产业的发展必定有英雄企业的开拓，而这些英雄企业要想真正活下来并且得到发展，必须进化成为可以真正贡献顾客价值的物种。所以，在能够取得商业巨大成功的百年现代纸业当中，一直有两家企业的身影在：一个是金佰利，另一个是宝洁，两家企业最初都在各自的阵营，但是最终在面向消费者时还是碰面了，至今仍然是"双雄"对垒。

◆ 并不需要成为最大的物种

相比宝洁，金佰利更早进入纸业。在一个多世纪之前，金佰利是伴随着现代报业成长起来的，也就是从工业用纸起家。随后，为了满足第一次世界大战中护士的需求，已经尝试过卫生纸研发的金佰利生产出了卫生巾，这就是今天历史悠久的女性卫生巾品牌高洁丝的缘起，至今已近百年。这个时候，金佰利也开始成了在纸业几乎无所不能的巨头。

　　有意思的是，这时候金佰利本该和宝洁相遇，但是宝洁因为一个消费者洞察迟迟没有进来，因为宝洁觉得那时候的思想还是相对保守，女性可能不太好意思直接去超市买卫生巾这样的私人用品，所以还不是大规模做的时候。这的确是当时不可回避的现状，但是金佰利想办法解决了这个问题，采用自动投币机，从而保护了人们的隐私。因此，在生活用纸上，金佰利捷足先登。

　　更有意思的是，金佰利抓住了第一次世界大战的机遇，成功进入女性生活用纸领域，而错失良机的宝洁则抓住了第二次世界大战的机遇。战后"婴儿潮"的开始显现出了巨大的儿童需求市场，因此，宝洁开始用儿童需求这个窗口进入纸业。所以从 20 世纪中期开始，宝洁作为纸业外行就开始酝酿，收购纸业公司，才有了 60 年代宝洁的尿不湿，这就是今天尿不湿品牌帮宝适的缘起。

　　到了这个时候，两家公司才真正正面交锋，相比什么纸都做的金佰利，宝洁反而变得更加专业，金佰利在自己的纸业上被一个外行宝洁打败。不仅如此，此时的金佰利在起家的工业用纸上也是表现平平。

◆ 在进化的过程中保持专注

　　这时候，达尔文·史密斯出现了。

20 世纪 70 年代，金佰利的新任首席执行官不仅名字就叫达尔文，并且用 20 年的时间带领这家公司进化成了一个新物种，重塑了金佰利的竞争优势，史密斯也成为金佰利百年发展历程中的灵魂人物。事实上，这个案例不仅可以写进金佰利和现代纸业的发展历史，在整个管理的动作上，因为动作的干净利落和有效程度，也足以载入管理动作和伟大首席执行官的行为史册。

史密斯的核心动作在于，让金佰利从一家纸业公司成为一家生活纸业公司。这个看似简单的动作却一下子集成了两个最强的战略动作：聚焦和转型。并且这个动作更厉害的地方在于，表面看是转型，实际上又是聚焦，这正是很多企业转型之后无法成功的原因，因为只做了转型，没有做聚焦。

史密斯出售了让金佰利起家的工业用纸资产，尽管有着辉煌的历史，但已经是过去式了，进而把得到的钱集中火力投放在生活纸业。很多企业不会做转型这个动作的地方就在这里，只是转型过来了，但是资源没有跟着过来，尤其是没有集中过来，最终，这样的转型只是一个华丽的动作，不会有结果。

◆ 进化是一个延续的过程

如果仔细研究，还会发现史密斯在整个动作处理当中有一个非常关键的细节，虽然是做转型，但是又没有做推翻。这正是一些企业做转型没有后文的原因，就是在于新任总是喜欢推翻前任，不认同前任，常常自己重建一套来证明自己的功劳或强大，这样说很直接，但这是事实。

这也是为什么一些公司在选择首席执行官的时候会从内部选拔的原因，因为推翻的概率会小一点。如果我们知道这个本质，就会知道，内部还是外部也不绝对，关键是要有对前任的理解和在此基础上的价值创造。由此，一代一代延续下来，就有了基业长青的连续性。所以，连续性在企业持续经营中至关重要，而积累到了一定程度，量变就会引起质变，史密斯就是这个既遵守量变又同时把公司带入质变的角色。

因此，在细节处理上，史密斯在主力进军生活用纸时，没有擅自开辟自己的新战场，反而是从前任首席执行官跌倒的地方开始，在败给宝洁帮宝适的尿不湿市场卷土重来，并且用充足的火力来深耕，从而成为20世纪70年代的尿不湿新秀，这就是今天尿不湿品牌好奇的缘起。自此以后，金佰利重塑活力，和宝洁一起成为生活用纸领域的"双雄"。

不过，也许有人会说，宝洁是不是不够聚焦，因为宝洁除了在生活用纸上对垒金佰利，还要从生活日化上对阵联合利华，恰恰相反，这正是宝洁的厉害之处：聚焦。如果仔细分析宝洁的业务特征，就会发现"生活"这个关键词一直都在，不论是生活日化还是生活用纸，而宝洁从肥皂起家将近两百年的历史都在沉淀如何创造生活用品的顾客价值。所以，在纸业里面，金佰利是个老兵，但是在生活用品里面，相比宝洁，金佰利还是个新兵，这才是当金佰利进入生活这个大的领域之后一定要聚焦的原因，否则就没有办法和宝洁这样的大鱼共生。

最后，回到史密斯对金佰利的进化帮助上来。表面上看，史密斯之前的金佰利和史密斯之后的金佰利都有生活用纸，但是公司属性变了，之前的生活用纸只是一个相对零散的业务，史密斯之后的生活用纸则成为核心。而有了这个核心之后，史密斯秉承了连续性这一经营的宝贵财富，率领公司在生活用纸上持续深耕，让我们看到了一个新的纸业巨头，只是这个巨头已经不仅是在纸业，而是融合于人们的生活，或许，用生活价值来赋予产业意义才是真正的生意。

04　钢铁般的意志

当然，很多人也许会说，这些动作好像也没有什么，一般的经理人都可以做。可是，这里首先要明确一点，这也许是因为我们现在已经看到了这个动作，在没看到之前，不见得知道，而如果没有深入剖析和梳理，更不见得懂得当中的动作逻辑和动作细节。所以，即便形式上能做到，也因为一些细节的不到位不会获得成效，甚至会让整个企业变乱。其次，更重要的一点在于，即便我们现在也知道了，但也不见得能做出来，就像是那句老话，很多人都知道怎样成功，但是只有成功的人去做了，原因在哪里呢？没去做或者没有成功的人缺了什么呢？原因就在于，缺少了一样东西：决心。这种决心可以用钢铁般的意志来形容。

可以非常明确地说，转型、聚焦和连续性是一个首席执行官必须要面对的事情，尤其是需要用转型这个动作拉开序幕，因为一个企业要坚持不断创造顾客价值的信仰，就要让自己不断变化从而进化成为可以持续创造顾客价值的物种，这样，企业才可以活下来，才可以有竞争力。但是，这些动作如果没有决心，就没有办法做，或者做了也会失败，当中的关键逻辑和关键障碍在于，我们作为一个有感情和私欲的人，不舍得放掉过去，不舍得过去的人和事，不舍得过去的辉煌，可是要知道，就像是史密斯的做法，转型必须要割舍。

因此，所有的障碍都在"割舍"这个词上，因为要舍掉过去的话，会很痛，会心如刀割，但是不舍就没有办法做转型，就会做成没有弹药的空洞转型或者形式上的转型，只是表面上变，实质上和过去并无差别。而解决割舍这个障碍的关键，就是两个字：决心。要做转型，首先要问自己：敢不敢割舍过去？哪怕这在过去是我们的核心业务，哪怕过去是我们的成功法宝，哪怕过去是我们很喜欢的人，但是，如果这些都只是过去，就必须要剪断。

这就是领导力当中最难的修炼：决心。用钢铁般的意志冲破内心的一切脆弱，乘风破浪，一路向前，最终把公司带到彼岸。之所以用决心、用钢铁般的意志在于，当中容不得半点动摇，一动摇也许就会前功尽弃，所以，很多企业最可惜的是，转型转到一半就转不下去了，就停住了，这个时候就会石沉大海，可这是许多企业转型的现状。这时候，考验领导者的只有一样东西，就是决心。

当然，很多人一定会问：钢铁是怎样炼成的？乍一听答案，也许会让人更为害怕，但是冷静下来思考，这个答案会带给更多人希望。答案就是两个字：厄运。

我们不仅要知道投资回报率这个词，实际上，还有另外一个更有意思的词，叫作运气回报率。当中的意思在于，在运气和回报的关联上，很多人都以为是好运气带来好回报，事实上，恰恰相反，真正的好回报是坏运气带来的。当中的核心变量就是决心，厄运会锻造一个人的决心，一个能够承受厄运的人内心会无比强大，才可以做出超乎常人的动作，才可以有超人般的卓越表现。

所以，投资回报率的本质反而是运气回报率，但是有意思的逻辑在于，差运气反而等于高投资，如果运气太好，反而是让自己的投资变少了。史密斯上任首席执行官时不仅是遇到了公司的低谷，并且他自己上任不久后就得了癌症，但他没有辞职，反而和癌症共生，更没有向任何困难退缩，反而是心怀光明，作为一个身患癌症的人，却率领公司开启了 20 年的光明转型之旅。

因此，当我们觉得自己陷入困难，生不逢时，甚至觉得受到各种委屈和不公平的对待时，自己是否想到，这正是我们人生或企业奔赴卓越的投资呢？我们在投资上有如此多的模式，我们是否懂得厄运也是投资呢？这个新的投资模式才是真正通往卓越的模式，心中拥有恒定的信仰，用钢铁般的意志让自己在一切逆境之下进化，践行如此模式，注定通向卓越。

参考文献

［1］［美］埃德莎姆·Y. H.. 德鲁克的最后忠告［M］. 吴振阳，倪建明等译. 北京：机械工业出版社，2008.

［2］陈春花. 管理的常识［M］. 北京：机械工业出版社，2016.

［3］陈春花. 经营的本质［M］. 北京：机械工业出版社，2016.

［4］［美］德鲁克·P. F.. 管理的实践［M］. 齐若兰译. 北京：机械工业出版社，2008.

［5］［美］德鲁克·P. F.. 公司的概念［M］. 慕凤丽译. 北京：机械工业出版社，2009.

［6］［韩］金·W. C.，［美］莫博涅·R.. 蓝海战略［M］. 吉宓译. 北京：商务印书馆，2016.

［7］［美］柯林斯·J.，波勒斯·J. I.. 基业长青［M］. 真如译. 北京：中信出版社，2009.

［8］［美］柯林斯·J．．从优秀到卓越［M］．俞利军译．北京：中信出版社，2009．

［9］刘祯．效率革命［M］．杭州：浙江大学出版社，2019．

［10］刘祯．一本书读懂绩效管理［M］．北京：中国友谊出版公司，2019．

［11］［美］麦基·S．．品牌力：世界级品牌的管理艺术［M］．刘祯译．北京：经济管理出版社，2017．

［12］［加］明茨伯格·H．．管理者而非 MBA［M］．杨斌译．北京：机械工业出版社，2010．

［13］［美］钱德勒·A.D．，麦克劳·T.K．，特德洛·R.S．．管理的历史与现状［M］．郭斌译．大连：东北财经大学出版社，2007．

［14］［英］斯密·A．．国富论［M］．罗卫东译．杭州：浙江大学出版社，2016．

［15］［美］泰勒·F.W．．科学管理原理［M］．马风才译．北京：机械工业出版社，2009．

［16］谭开强．美的传奇［M］．北京：新世界出版社，2009．

［17］［美］韦尔奇·J．，韦尔奇·S．．赢［M］．余江等译．北京：中信出版社，2005．

［18］［美］沃尔顿·S.W．，休伊·J．．富甲美国［M］．杨蓓译．南京：江苏凤凰文艺出版社，2015．

［19］ Drucker P. F.. The Discipline of Innovation ［J］. Harvard Business Review, 1985, 63 （3）: 67 – 72.

［20］ Drucker P. F.. What Makes an Effective Executive? ［J］. Harvard Business Review, 2004, 82 （6）: 58 – 63.